本书受陕西省普通高校重点学科专项资金建设项目经费资助

青年学术丛书·经济

YOUTH ACADEMIC SERIES-ECONOMY

东亚金融一体化度量及宏观效应分析

俞　颖　著

人民出版社

序　一

　　金融一体化是指国与国之间的金融活动相互渗透、相互影响而形成一个整体联动和相互渗透的发展态势。金融资源在空间地域分布上表现出非均质或不连续的特点，正是这种初始的地域禀赋差异性，引发了金融在不同国家、区域的运动。而且金融资源的价值及作用迥异，参与地域运动的受制因素和空间表达也不尽一致，非同一性十分突出。这种差异造成了金融产业成长的差别。由于金融产业成长的时空复合性特质非常突出，金融中心与金融增长极、金融支点的金融产业成长状态千差万别，整体上呈现非均衡、不同步、处于不同成长阶段的特征。但是金融产业作为一种特殊的经济实体，是由初始配置、积累、沉淀的金融资源，以及参与地域运动后的金融资源与各地域空间的具体条件凝集而成的专业部门组织。在具体区情、历史与偶然因素、积累效应和路径依赖的共同作用下，在有效规模的地理空间内，金融中心的金融产业集聚效应推动下金融产业逐渐向一体化方向发展。金融一体化实质上专指金融产业一体化，金融一体化是从宏观视角对金融地域系统内在规律的认识。

　　金融一体化是金融效率帕累托改进的结果，也是金融资源在区域内有效分工协调和配置的过程。金融一体化的作用有：一是促进金融资源在区域内的合理配置。金融一体化借助于金融地域

运动调整本区域金融产业结构,促进各层次金融要素之间趋于结构合理、配置均衡,并使金融资源供需交易的成本达到最小化。二是提升在区域内金融产业竞争能力,提高交易频率,扩大交易流量,获得金融产业内部收益递增。三是降低在区域内金融信息交流、技术扩散、创新过程等方面的不确定性,降低学习成本、信息成本、治理和创新成本,获得金融外部规模效应。

20 世纪 80 年代以来,随着全球经济一体化,出现了国际金融一体化的区域,世界各国各地区金融资源、金融市场、金融活动的融合、相互作用日益增强,金融机构的国际化经营水平提高,各国金融体制、金融资产价格出现了趋同态势。国际金融一体化开始于欧洲货币一体化,欧洲货币一体化的贡献在于在人类历史上第一次发行没有国家政权干预的货币——欧元。欧洲货币一体化增加了降低国与国交易成本的功能,揭示了经济发展的历史潮流,并且具体证明了组建区域货币的可行性。在欧洲货币一体化之后,美元区紧步欧元区后尘,一些经济学家则主张加拿大应当和美国、南美国家统一货币,一些南美国家对此积极响应。阿根廷、萨尔瓦多、厄瓜多尔等国正在放弃本币,实现美元化。在欧洲经济货币联盟的启发下,阿拉伯地区也于 1977 年成立了阿拉伯货币基金组织,积极推行本地区金融一体化,建立了阿拉伯货币合作模式。在亚洲金融风暴的剧烈冲击之下,亚洲各国普遍认识到通过货币整合来增强金融市场稳定性的重要意义,亚洲各国对于实现"亚元"的呼声在持续增强,东亚地区各方都意识到加强金融合作,共同抵御金融危机的重要性。在这种背景下东亚金融一体化成为了一个研究的重点问题。

西北大学经济管理学院金融系的俞颖副教授在复旦大学进行博士后研究,完成了出站报告,出站报告以《东亚金融一体化度量及宏观效应分析》为题即将出版,该书从宏观层面度量东亚金融一体化并研究其经济效应,在此基础上提出推动东亚金融一体化、促进东亚经济增长和经济稳定的对策及中国的策略。通读书稿，发现该书有以下特点：

第一，全面系统地对东亚金融一体化的宏观效应进行了研究。全书共分五章。第一章对金融一体化的度量方法及微观、宏观效应进行了理论分析。第二章从利率平价的视角度量东亚金融一体化。第三章从国际资本流动及风险分担视角度量东亚金融一体化。第四章研究东亚金融一体化的宏观效应及实现条件。第五章提出了在推动金融合作同时促进东亚各国（地区）经济增长的政策建议及中国应采取的对策。

第二，采用了定性分析和定量分析相结合的研究方法。定性分析了金融一体化的度量方法、微观资产定价模型及宏观效应；运用时间序列数据的协整分析、面板数据模型、回归分析、相关性分析等定量分析方法对东亚金融一体化进行度量并研究其宏观效应。定性和定量分析相结合提高了研究方法的科学性。

第三，提出了一些新的思想观点。作者通过研究认为1997年东亚金融危机后金融一体化虽然有了较大提高，但是从消费相关性的角度反而还有下降趋势，其原因与金融一体化的程度较浅、贸易壁垒引起的较高的交易成本、较低的金融发展水平使消费平滑机会减少、生产要素缺乏流动性使跨国风险分担难度加大有关。同时认为东亚金融一体化并未带来较为理想的宏观效应：金融一体化与经济增长不相关或负相关；金融一体化对于平抑金融开放度较低经济体的消费波动有一定作用，而对金融开放度较高的经济体而言则无显著作用。在金融体系欠发达的背景下，东亚金融一体化与宏观经济发展存在一定的"跨时替代"关系，即金融一体化初期有收益，中期随着信贷风险的不断积聚将会抑制经济增长，加大经济波动。

东亚金融一体化正在逐步兴起，亚洲金融危机以后东亚区域金融一体化的重要性凸显出来，各经济体政府之间纷纷加强了金

3

融领域的对话与合作,希望通过建立区域金融合作机制推动东亚金融一体化,增强区域内各国抵御金融危机的能力。俞颖副教授的《东亚金融一体化度量及宏观效应分析》从宏观经济视角展开分析,对进一步推动东亚金融一体化具有重要参考价值。同时东亚金融一体化还有许多问题亟待研究:例如金融一体化对东亚整个区域分散风险和提高福利的影响,东亚金融一体化的有限性问题,东亚金融市场合作机制的完善问题等。希望作者能够在该领域不断深入研究,以期取得更好的研究成果。是以为序。

任 保 平

西北大学经济管理学院院长、教授、博士生导师

2012 年 4 月于西北大学新村

序　二

我对东亚货币与金融合作的关注,始于 2005 年承担的上海社科基金课题《东亚金融合作机制的跨期均衡研究》。期间,2007 年又承担了亚洲开发银行的课题"Emerging Asian Regionalism: Ten Years after the Crisis"中的亚洲金融合作部分,即:"Regional Cooperation on the Integration of Asian Financial Markets"。在承担上述课题的过程中,我的研究生郑海青和乔璟卓等分别完成了她们的博士和硕士论文。其中,郑海青博士的专著《东亚金融合作的制度设计与效应研究》已由上海人民出版社 2009 年出版。2008 年俞颖博士进入复旦大学应用经济学博士后流动站,继续东亚金融合作领域的研究,并于 2010 年顺利出站。作为她的合作导师,她的博士后研究报告即将由人民出版社出版,可喜可贺。

根据加州大学伯克利分校 Barry Eichengreen(2002)教授的界定,区域的货币合作与金融合作是两个不同的概念。就东亚区域合作而言,本书的研究对象是东亚金融合作,而不是东亚货币合作。东亚金融合作包括金融监管合作和金融市场合作两个有机组成部分。1997 年的东亚金融危机,暴露了东亚各国金融体系的脆弱性,因而危机之后"东亚货币与金融合作"成了国际范围内的研究热点。然而,已有研究表明:以单一货币区为最终目标的东亚货币合作在相当长的时期内仍不具可行性。相反,基于东亚国家的

银行主导的金融体系(微观基础),通过东亚金融合作,加强银行监管,发展金融市场(特别是债券市场),可以有效降低东亚各国(地区)金融体系的脆弱性。

作为一个重要的前瞻性课题,东亚金融合作机制的研究框架中应该包括哪些具体内容? 在研究过程中,是否可能对现有研究范式有所突破和创新? 作为对这些问题的思考,在《复旦学报》2005年第3期,我和乔璟卓发表了题为《东亚金融合作的研究范式及其架构》的文章,提出从微观基础的跨期均衡角度研究合作机制的思路,强调微观基础。这与俞颖博士后研究报告的研究视角可以看做是相互的补充,她强调的是宏观经济效应,即:从宏观层面度量东亚金融一体化并研究其经济效应,在此基础上提出推动东亚金融一体化、促进东亚经济增长和经济稳定的对策及中国的策略。

俞颖博士2007年到复旦大学进修,之后转为博士后。出站至今又有两年时间。期间也伴随着东亚金融合作的进展(如外汇储备库标志的清迈协议多边化)以及围绕这些进展开展的科学研究。从俞颖博士的专著中,自己获得了不少东亚金融合作的理论研究和政策研究的最新进展,相信广大读者与我一样开卷有益,相信今后能够看到俞颖博士更多的科研成果。是为序。

刘 红 忠

2012年4月9日于复旦大学经济学院

目　录

导　论 ……………………………………………………… 1

一、研究背景和问题的提出 ………………………… 1

二、简要文献综述 …………………………………… 10

三、概念界定、研究思路和主要内容 ……………… 15

四、研究意义、研究方法和主要创新 ……………… 21

第一章　金融一体化的度量及效应分析 ……………… 24

第一节　金融一体化的度量方法 ………………… 24

第二节　金融一体化的微观效应分析 …………… 30

第三节　金融一体化的宏观效应分析 …………… 45

第二章　东亚金融一体化度量：利率平价视角 ……… 55

第一节　基于非抵补利率平价的分析 …………… 55

第二节　基于实际利率平价的分析 ……………… 71

第三章　东亚金融一体化度量：资本流动和风险
　　　　分担视角 ……………………………………… 88

第一节　基于国际资本流动的分析 ……………… 88

第二节　基于国际风险分担的分析 ……………… 94

第四章　东亚金融一体化宏观效应分析 ·················· 125

　第一节　东亚金融一体化与经济增长 ·············· 125

　第二节　东亚金融一体化与经济波动 ·············· 145

　第三节　东亚金融一体化宏观效应实现条件分析 ······ 156

第五章　结论与政策建议 ························· 165

　第一节　主要结论 ························· 165

　第二节　促进东亚金融合作及经济增长的政策建议 ··· 173

　第三节　中国在东亚金融一体化进程中的对策 ········ 178

　第四节　主要不足及后续研究展望 ·············· 183

　参考文献 ·························· 185

　后　记 ·························· 197

导　论

一、研究背景和问题的提出

（一）东亚金融合作的现状

1. 东亚货币合作

由于种种原因,东亚地区货币合作在 1997 年亚洲金融危机前一直没有得到很好发展,亚洲金融危机使各国意识到了货币合作的紧迫性与必要性,成为东亚货币金融合作的催化剂。各国政府、研究机构和一些国际组织纷纷提出各种各样的方案、设想和倡议,从"亚洲货币基金"的构想、"10+3"(东盟 10 国加中、日、韩 3 国)财政金融合作对话机制的建立、到"清迈倡议"的签署和落实,东亚货币合作取得了一定的进展。

（1）东亚货币合作的早期构想

亚洲金融危机爆发后,1997 年 9 月日本政府在国际货币基金组织和亚洲开发银行会议上提出了建立"亚洲货币基金"(Asian Monetary Fund,AMF)作为国际货币基金补充的设想,倡议成立由日本、中国、韩国和东盟国家参加的组织,筹集 1000 亿美元的资金,为遭受货币危机的国家提供援助。AMF 的筹资方式有三种:

从成员国借款、从国际资本市场借入及扩展对成员国借款的担保，但这一计划因受到美国和 IMF 的强列反对而未能实施。1998 年 10 月，日本提出新宫泽计划，倡议建立总额为 300 亿美元的亚洲基金，其中 150 亿美元用于满足遭受危机国家中长期资金需求，150 亿美元用于满足其短期资金需求，这一计划是亚洲货币基金基础上更为具体的措施。1999 年 10 月 18 日，马来西亚总理马哈蒂尔在"东亚经济峰会"上提出建立"东亚货币基金"的倡议，主张从东亚开始进行多边协议，然后逐渐扩大到其他亚洲国家或地区[①]。以上仅为亚洲货币合作的初步构想，并未涉及货币合作的实务措施。

（2）"10+3"财金合作机制的形成

亚洲金融危机后，东亚地区各方都意识到加强金融合作、共同抵御金融危机的重要性。在此背景下，于 1997 年 12 月组织了第一次东盟加中、日、韩的领导会谈，共同商议地区和平、稳定及安全问题，在此基础上，1999 年 11 月东盟和中、日、韩在马尼拉通过了《东亚合作共同声明》，同意加强金融及财政方面的合作，并推动 2000 年 5 月建立"10+3"经济评论和政策对话，初步形成"10+3"财金合作机制，为东亚货币合作的里程碑——《清迈协议》的签署奠定基础。

（3）"清迈协议"的签订及落实

2000 年 5 月，"ASEAN+3"财长在泰国清迈共同签署了建立区域性货币互换网络的协议，即"清迈协议"，标志着东亚货币合作的实质性进展。"清迈协议"扩大了原来东盟的货币互换协议，在东盟、中国、日本、韩国之间建立一个双边互换网络；利用"10+3"的组织框架，加强有关资本流动数据及信息的交换。目前，"清迈协议"的落实已取得重大实质性进展，至 2008 年年底，

---

① 吕璇、纬恩：《亚洲货币基金：回顾和展望》，《中国外汇管理》2003 年第 10 期，第 18—19 页。

"10+3"各国共签署了 16 份双边货币互换协议,总规模达 840 亿美元。然而双边互换所能提供的流动性支持有限,清迈协议的多边化也逐步实施:2006 年 5 月"10+3"财长会议决定成立清迈倡议多边化工作组,研究多边化的形式和内容;2007 年各国财长决定选择区域外汇储备库作为清迈倡议多边化的具体形式;2009 年 5 月,"10+3"财长会议就筹建中的外汇储备库的份额分配、出资结构、决策及监测机制等要素达成共识;同年 12 月底清迈倡议多边化协议正式签署,总规模 1200 亿美元,中国(包括香港)、日本、韩国和东盟按照 80:20 出资,中国和日本均出资为 384 亿美元,韩国出资 192 亿美元,东盟十国的出资总额为 240 亿美元,该协议于 2010 年 3 月 24 日正式生效,"清迈倡议"多边化迈入了实质性进程。

2. 亚洲债券市场合作

(1)发展亚洲债券市场各项倡议的提出

2002 年 6 月,泰国在第一届亚洲合作对话中首先提出建立亚洲债券市场的倡议。同年 9 月中国香港在第九届 APEC 财长会议上提出"发展资产证券化和信用担保市场"的倡议,旨在通过成立专家小组、开展政策对话及研讨等活动加强对发展本地区资产证券化和信用担保市场的重视,以此促进亚洲地区债券市场的发展。世界银行对该倡议表示支持,APEC 成员国也积极响应,韩国、泰国和世界银行均加入成为联合牵头方。

2002 年 11 月,韩国在东盟"10+3"非正式会议上建议:完善区域性信用评级、担保、清算等方面的制度,促进亚洲债券市场的发展。2003 年 2 月日本在东盟"10+3"高层研讨会上提出"亚洲债券市场启动方案",提出的主要措施包括各国应放宽企业进入债券市场融资的准入条件、建立有利于发展债券市场的制度环境、鼓励发行以区内货币记值的债券及建立信息交换机制。

2003 年 8 月正式推出了由东盟及中、日、韩 13 国财政部长和中央银行行长会议提出的"培育亚洲债券市场倡议"(Asian Bond

Markets Initiative,ABMI)。该倡议内容涉及证券化、信用担保、评级机构、外汇与资本管制和证券结算各领域,目的在于完善债券市场的基础条件。

(2)亚洲债券基金

2002年8月,泰国在东亚及太平洋中央银行行长会议(Executives Meeting of East Asia and Pacific Central Banks,EMEAP)上提出建立亚洲债券基金的设想,构建了亚洲债券基金的雏形。2003年6月,EMEAP宣布与国际清算银行合作建立亚洲债券基金(Asian Bond Fund 1,ABF 1),并于同年6月22日开始运作。该基金是由EMEAP各经济体从其官方储备中出资建立的一个共同基金,将投资于EMEAP成员(日本、澳大利亚和新西兰除外)发行的一揽子主权和准主权美元债券,以增加该类债券的流动性,以此推动其他投资者进入亚洲债券市场。

2004年12月EMEAP宣布亚洲债券基金2期(ABF 2)即将启动,主要由各成员的储备出资设立,规模约为20亿美元,由泛亚债券指数基金(Pan-Asian Bond Index Fund,PAIF)和债券基金中基金(Fund of Bond Funds,FOBF)两个平行基金组成,投资于EMEAP成员(除日本、澳大利亚和新西兰)发行的主权和准主权本币债券,规模由10亿美元扩大到20亿美元;确定了向私人部门开放的原则,ABF 2于2005年5月进入实施阶段。

3. 亚洲股票市场合作

目前亚洲股票市场一体化的进展主要体现在单边开放、双边合作的实施及多边合作构想三个方面[1]:

一是单边开放。亚洲各国不断加大股票市场开放力度,各国股票市场间的关联度日益提高。如日本东京交易所已成为一个重

---

[1] 中国人民大学课题组:《.亚洲金融一体化研究》,中国人民大学出版社2006年版,第234—242页。

要的国际化股票交易所,新加坡和中国香港也逐步成为国际性股票市场,中国大陆、韩国、泰国及中国台湾等国家和地区也在市场开放和吸引外资方面展开了激烈的竞争。

二是各国证券监管当局和证券交易所开展的双边合作,主要包括监管层面和交易所层面。在监管层面,亚洲各国和地区证券监管机构签订了一系列双边证券监管合作备忘录,交流证券立法和监管信息。例如,中国证券监督管理委员会目前已与包括中国香港、新加坡、日本和马来西亚在内的几十个国家和地区签署了证券监管合作备忘录。在交易所层面,亚洲很多证券交易所积极展开合作,如韩国证券交易所和日本东京证券交易所分别于 2003 年与我国深圳和上海证券交易所签订合作谅解备忘录。2006 年 8 月,亚洲的孟买、布尔萨等 16 个证券交易所加入了世界证券交易所联合会,以进一步加强交流与合作。

三是多边合作。亚洲在股票市场上的多边合作还仅限于构想阶段,亚洲各国和区域性组织提出了各类股票市场一体化构想,如香港和深圳证券交易所合作、大中华经济区交易所的合作及在更大范围内的亚洲股票市场合作等,由于亚洲各国家和地区的经济基础、股市发展水平和开放度以及管理制度方面存在较大差异,亚洲股票市场的多边合作将是一个漫长的、渐进的过程。

(二)东亚金融开放的进程

东亚金融危机之后各国和地区都加大了金融开放的力度,主要体现在资本账户开放、利率及汇率的自由化三个方面,以下将从上述方面对东亚经济体的金融开放进行概述。

1. 东亚国家(地区)汇率制度演进

从汇率制度来看,金融危机之前,东亚国家(地区)的汇率制度并不稳定:马来西亚从钉住一篮子货币变为管理浮动制;新加坡从浮动制变为钉住一篮子货币,进而转变为管理浮动;印度尼西亚

从钉住美元变为管理浮动;韩国从钉住一篮子货币转为管理浮动;泰国交替采用了钉住一篮子货币和钉住美元的汇率制度;中国香港从浮动汇制变为联系汇制;菲律宾、日本从管理浮动变为单独浮动;我国从汇率双轨制转变为管理浮动制;中国台湾由机动汇率制度转变为自由浮动汇制。金融危机后部分国家(地区)维持了原有的汇率制度,如日本和中国台湾的浮动汇率制度,新加坡的管理浮动制度,中国香港的联系汇率制度;部分国家继续推行汇率的市场化改革,如韩国、印尼、菲律宾都转为单独浮动的汇率制度;马来西亚则先钉住美元后转为单独浮动。

表 0-1　东亚国家(地区)汇率制度演进①

国　家	时　间	汇率制度
马来西亚	1975 年 9 月—1993 年 6 月	钉住一篮子货币
	1993 年 9 月—1997 年 3 月	管理浮动
	1998 年 9 月—2005 年 7 月 20 日	钉住美元
	2005 年 7 月 21 日—	单独浮动
新加坡	1973—1980 年	浮动汇制
	1981 年 1 月—1987 年 12 月	钉住一篮子货币
	1988 年 1 月—1997 年 3 月	管理浮动
印度尼西亚	1972—1977 年	钉住美元
	1978—1996 年	管理浮动
	1997 年—	单独浮动

① 资料来源:许少强:《东亚经济体的汇率变动》,上海财经大学出版社 2002 年版。转引自祝小兵:《东亚金融合作:可行性、路径与中国的战略》,上海财经大学出版社 2006 年版,第 182 页。中国台湾数据来自:黄涛:《简析台湾外汇管理热点问题》,《海峡科技与产业》2004 年第 1 期,第 14 页。韩国数据来自:曲凤杰:《从管理浮动到自由浮动:韩国汇率制度转型的经验及启示》,《新金融》2007 年第 8 期,第 11 页。

国　家	时　间	汇率制度
韩国	1980—1990 年	钉住一篮子货币
	1990 年 3 月—1997 年	管理浮动
	1997 年 12 月	单独浮动
泰国	1980 年 3 月—1981 年 6 月	钉住一篮子货币
	1981 年 7 月—1984 年 11 月	钉住美元
	1984 年 11 月—1997 年 2 月	钉住一篮子货币
	1997 年 3 月—	管理浮动
中国香港	1983 年 10 月之前	浮动汇率
	1983 年 10 月之后	联系汇率
菲律宾	1984 年之前	管理浮动
	1984 年 10 月—2000 年年底	单独浮动
日本	1973 年 2 月—1985 年 9 月	管理浮动
	1985 年 9 月—	单独浮动
中国	1994 年 1 月—2005 年 7 月 20 日	管理浮动
	2005 年 7 月 21 日—至今	参考一篮子货币
中国台湾	1979 年 2 月—1989 年 4 月	机动汇率制
	1989 年至今	自由浮动汇制

2. 东亚国家（地区）的利率市场化进程

从利率市场化进程看，日本于 1994 年 10 月、韩国于 1995 年 11 月、印尼于 1993 年年底基本放开利率管制，中国香港于 1995 年 11 月放开所有 7 天以上定期存款利率，2001 年完成利率市场化进程；中国台湾于 1989 年完成利率市场化改革，马来西亚于 1991 年、泰国于 1992 年、菲律宾于 1982 年取消利率管制；我国于

1996—1999 年放开银行同业拆借利率、债券回购利率、现券交易利率、政策性金融债、国债发行利率,2000 年 9 月放开外币贷款利率和大额外币存款利率,2004 年 10 月放开了贷款利率上限,允许存款利率下浮,2005 年放开金融机构同业存款利率。

表 0-2 东亚国家(地区)利率市场化进程

	时间段	利率市场化程度
日本	1991—1993 年 1994 年 10 月	定期存款、流动存款利率市场化 基本放开利率管制
韩国	1991 年 11 月 21 日 1993 年 11 月 1 日 1995 年 11 月	短期贷款利率全面放开,存款利率部分放开 放开除银行再贴现外的全部贷款利率、2 年及 2 年以上存款利率、所有债券发行利率 银行再贴现支持的贷款利率被全部放开,存款利率的放开扩大到除活期存款之外的所有存款利率
新加坡	1975 年	取消存贷款利率管制
印尼	1983 年 1993 年 12 月	取消大多数贷款和储蓄利率的控制 所有贷款利率和大多数储蓄利率水平实行自由浮动
马来西亚	1978 年 1985 年 1991 年	存贷款利率自由化 再度管制存款利率 取消利率管制
泰国	1989—1992 年 1992 年	逐步取消存款利率管制 取消贷款利率管制
菲律宾	1981 年 1982 年	取消存贷利率规定 取消贷款利率管制
中国	1996—1999 年 2000 年 9 月 2004 年 10 月 2005 年	放开银行同业拆借利率、债券回购利率、现券交易利率、政策性金融债和国债发行利率 放开外币贷款利率和大额外币存款利率 原则上放开了贷款利率上限,允许存款利率下浮,管住存款利率上限 放开金融机构同业存款利率
中国香港	1995 年 11 月 2001 年 7 月 1 日	放开所有 7 天以上定期存款利率 完成利率市场化进程
中国台湾	1975—1989 年	完成货币市场利率先期市场化—部分利率完全市场化—存款上限利率的简化—利率完全市场化的过程

3. 东亚国家(地区)的资本账户开放

表 0-3　东亚国家(地区)资本账户开放进程

	时间段	资本管制
日本	1980 年以后	进入资本流动自由化时期
韩国	1989 年 1994 年 1996 年 1998 年	取消国外借款管制 放松海外借款及证券投资限制 取消海外证券投资限制 取消外国投资者国内股票投资限制
新加坡	1972 年 1978 年	逐步放开资本账户 移除几乎所有资本管制措施
印尼	1970 年 1971 年	开放资本账户 对资本流出几乎无管制,对资本流入管制逐步放松
马来西亚	1973 年 6 月 1986 年 7 月 1998 年 9 月 1999 年 2 月	资本账户逐步自由化 进行一系列金融改革,放开对资本账户控制 重新实施资本管制 逐步取消资本管制措施
泰国	1990 年 5 月 1997 年 5 月	放开资本账户 对各类短期资本再次实施管制
菲律宾	1990 年	开放资本项目,但采取一定的限制和审批措施
中国	1996 年 12 月 2003 年 2006 年	实现人民币经常项目可兑换,放松长期资本流入的管制 允许合格境外机构投资者投资国内证券市场 允许合格国内机构投资者投资境外资本市场
中国香港	1972 年	放松资本账户管制

从资本账户的开放进程来看,日本于 1980 年、新加坡于 1978 年、中国香港于 1972 年放开资本管制,三者资本账户开放度最高;印尼于 1971 年、泰国和菲律宾于 1990 年前后的资本流动都相当自由;韩国从 1989—1998 年逐步放开了资本管制;我国于 1996 年 12 月实现人民币经常项目可兑换,2003 年资本账户自由化进程开始加快,但仍存在较多限制。从表 0-3 可以看出在 1997 年亚洲金融危机之后东亚多数国家(地区)的金融开放度都有所提高。

随着各国(地区)金融开放度的提高和金融合作的推进,东亚现阶段的金融一体化达到了怎样的程度? 从利率平价角度分析,东亚经济体利率关联性如何? 从风险分担的角度分析,东亚金融一体化是否提供了更多的消费平滑机会? 从宏观效应来看,东亚金融一体化是否有效促进了各国(地区)的经济增长及经济稳定? 所有这些问题可以归结为两个方面:东亚金融一体化的度量和宏观效应研究。本书将对上述两个问题进行探讨,以期为设计更为合理的东亚金融合作方案提供理论依据和实证支持。

二、简要文献综述

(一)金融一体化的度量

金融一体化的度量方法包括限制法、数量法、利率平价法、消费相关法及资产价格法。限制法和数量法都是通过国际资本流动来度量金融一体化。限制法侧重分析资本管制,假定官方管制的消除可以在一定程度上促进金融一体化,这样通过分析资本流动的官方管制即可判断一体化程度。Quinn(1997)、Chinn & Ito(2005)、Grilli & Melesi-Ferretti(2005)、Edwards(2005)等都用该方法进行了研究。限制法不能准确度量资本账户的开放和管制政策的影响,须和其他方法结合使用。数量法侧重考察一国跨境资本的流动量,根据实际资本流动构建存量和流量指标衡量金融市场一体化,Jeon、Oh & Yang(2006)、周丽莉和丁东洋(2009)用该指标对东亚进行研究,结论是东亚金融一体化程度日益提高。

利率平价法通过两国利率差异判断金融市场一体化程度。抵补利率平价的成立要求市场上不存在资本管制及交易成本障碍,对其偏离被称为"政治溢价"(Frankel & MacArthur,1988)。非抵补利率平价除了要求国家风险溢价为零外,还要求汇率风险溢价为零;实际利率平价的成立条件则最严格,要求国家风险溢价、汇率风险溢价及预期实际汇率变化均为零(郭灿,2005),三种利率平价可反映不同程度的金融一体化。Williamj(1995)用抵补利率平价法检验了国际资本市场一体化;Yin、Menzie、Eiji(2003)和Kate(1997)用非抵补利率平价检验了中华经济区和东亚的金融一体化;Lawerence、James&John(2003),Jeon、Oh & Yang,Cheung、Chinn、Fujii(2003)用实际利率平价法检验了主要工业国、亚洲六国及中华经济区的金融一体化。从利率平价视角来看,多数经济体的金融一体化得到了实证支持。

消费相关法认为金融市场的一体化会提供更多的消费平滑机会,可以从消费平滑的角度通过对比本国消费与本国和世界产出的关系来衡量金融一体化。Obsfeld(1995)对工业化国家、Giannone等(2006)对欧洲国家的研究都说明这类经济体1990年后风险分担程度有所提高。Kose等(2007)对新兴市场、郑海青(2009)对东亚地区的研究则显示这些经济体的风险分担程度并未因金融一体化而提高。

国际资产定价法通过分析资产定价的影响因素度量金融一体化。完全一体化市场中风险溢价由全球性因素决定,部分一体化市场由国内外因素共同决定,封闭市场则完全由本国因素决定。这样通过检验不同假设下的 CAPM 模型即可确定市场的一体化程度。De Menil(1999)、Oh(2003)运用基本 CAPM 模型检验了欧洲资本市场的一体化程度,Jeon、Oh & Yang(2006)将上述模型加以改进检验了东亚金融市场的一体化程度。Harvey(1991)将条件CAPM 模型拓展至国际资本市场,对工业化国家的实证检验说明这些国家资本市场一体化程度较高。Bekaert & Harvey(1995)放宽了 Harvey 模型的假设,运用区制转移模型(Regime Switching Model)研究了市场一体化动态演进过程中的资产定价问题。在以

上基础上,Gikas 等(2006)建立了可变转换概率条件下的动态一体化资产定价模型,并对欧盟市场进行检验,结论是欧盟内部的资本市场一体化程度不断提高。

(二)金融一体化的微观效应

金融一体化的微观效应主要包括日趋一体化的金融市场中国际资产组合的构成、定价及微观主体福利,包括投资者的投资多样化收益及消费者的消费平滑收益。构建国际资产定价模型是研究这类问题的主要方法,主要包括一体化市场定价模型和不完善市场定价模型。

一体化市场定价模型假设国际金融市场是完全一体化的,运用修正后的 CAPM 模型定价,根据是否考虑跨期套利分为静态模型和动态模型。静态模型中的单因素模型只考虑建立于风险资产和市场组合协方差基础上的市场风险溢价:Solnik(1974)、Harvey(1991)分别对经典的非条件和条件国际 CAPM 模型进行修正并应用于国际资本市场。Adler & Dumas(1983)在条件资产定价模型中首次考虑了外汇风险,建立了国际资产定价的双因素模型;Dumas & solnik(1995)从实证角度支持了外汇风险溢价的存在。动态模型的理论推导建立于 Merton(1973)和 Compbell(1993,1996)的国内动态 CAPM 模型基础之上:Chang & Hung(2000)构建了包括市场风险溢价和对冲风险溢价的两因素国际均衡资产定价模型;Chang、Errunza、Hogen & Hung(2005)在更广泛的假设前提下建立了四因素的跨时资产定价模型,不仅同时研究了国际资产定价中的市场风险、外汇风险及套利风险,还区分了市场套利风险和外汇套利风险。

完全一体化金融市场中应用的 CAPM 模型假设只有一种世界市场组合,其定价是均值—方差有效的。然而国际金融市场并不完善,很多学者构建理论模型研究了不同形式市场约束下的最优投资组合的选择和资产定价,部分也涉及对投资者福利的影响。其中静态模型未考虑跨期消费并假设利率水平不受资本市场分割影响,可分为两国模型和多国模型。两国模型研究不同限制条件下两国金融市场开放的微观效应:Black(1974)和 Stulz(1981)研究了税收限制,Eun & Janakiramanan(1986)研究了股权限制,Errunza & Losq(1985)则研究了一个国家存在管制而另一国完全开放的单边限制市场环境。Errunza 和 Losq(1989)突破了两国的分析框架,构建了市场不完善条件下资产定价的多国模型,研究了市场限制动态变化且存在不对称性约束条件下的投资组合、资产定价及投资者福利。Basak(1996)突破了静态模型的两大约束,考虑了内部跨期消费及市场对利率水平的影响,构建了资本市场分割条件下的动态模型,研究了市场从封闭到开放这一动态进程中国际金融市场的资产组合、定价及投资者福利问题,在利率内生及存在跨期消费平滑这一更为现实的框架下重新考查了金融一体化的微观效应。然而 Basak 模型并未考虑外汇因素,为了研究外汇的不确定性对资产定价的影响,Bayraktar(2000)在 Basak 动态模型基础上增加了外汇风险,发展了一个两国两期的均值方差资产定价模型,分析了完全一体化、混合分割及完全分割三种不同市场结构下的国际资产定价问题。

(三)金融一体化的宏观效应

金融一体化可以促进经济增长,平抑经济波动,这一积极效应的实现需要一定的作用渠道,还受金融发展水平、制度和政策环境及贸易开放度等基础条件的制约。以下将从宏观效应、作用渠道及约束条件三方面对相关文献进行概述。

金融一体化的宏观效应并不确定。从与经济增长的关系来看,Kose、Prasad、Rogoff & Wei(2004,2006)对该领域 14 项研究的统计显示仅三项说明金融一体化对经济增长有促进作用,其余认

为发展中国家的金融一体化对经济增长没有影响或者利弊兼有。关于金融一体化平抑宏观经济波动的作用,部分研究证实了这一观点(Donnell,2001;Bekaert、Havey & Lundblad,2002);有一些学者认为两者间并无必然联系(Razin & Rose,1994);也有研究认为金融一体化会增加宏观经济的波动性(Gavin & Hausmann,1996;O'Donnell,2001,Bekaert,2002)。

金融一体化会通过不同的作用渠道实现积极宏观效应。一是平衡资本供需,Fisher(1998)认为资本的流动会提高配置效率,推动经济增长。二是平滑跨期消费和投资,通过跨国风险分担的福利方程,Wincoop(1999)、Athanasoulis & Wincoop(2000)计算了消费者福利,Lweis(2000)、Mercereau(2006)计算了投资者福利,结论是这些国家都从金融一体化中获得了显著收益。三是提高生产效率,可以通过促进技术进步(刘庆生,2005)和专业化分工(Eswar 等,2004)来实现。四是促进经济金融环境的优化,包括促进金融机构的发展(Levine,1996;Caprio and Honohan,1999)和证券市场的发展(Levine & Zervos,1998;Karolyi,2004;Chinn & Ito,2005)。五是提高政府政策的可信度,包括限制政府的掠夺性税收(Gourinchas and Jeanne,2003;)、促进构建更为规范的宏观制度(Obstfeld,1998)。

金融一体化积极宏观效应的实现还依赖于一些特定条件。一是金融行业的发展水平,Alfaro,Chanda,Kalemli-Ozcan & Sayek(2004)、Durham(2004)都认为 FDI 的流入会给金融体系发达的国家带来明显的经济增长效应;Aghion & Banerjee(2005)、Ishii 等(2002)认为一个国家在金融市场开放后应对金融风险的能力与该国金融体系的发达程度正相关。二是制度环境和管理水平,Klein(2005)、Wei(2000)、Gelos & Wei(2005)的研究均说明制度环境会影响外资的流入及一个国家从金融一体化中的收益;M. Ayhan、Eswar、Kenneth & Shang-Jin(2006)、Ju & Wei(2006)进一步研究了不同类型的制度对金融一体化宏观效应的影响。三是宏观经济政策的稳定性, Ishii（2002）、Mody & Murshid（2005）、Arteta 等（2003）的研究均显示宏观经济政策的优化程度是影响金融一体化经济增长效应的重要因素。四是贸易开放度, Franke、Calvo、Izquierdo & Mejia（2004）、Edwards（2005）的研究都说明外贸开放可降低一个国家对于金融危机的脆弱性, 可见贸易一体化对金融一体化的效应有着一定程度的影响。

三、概念界定、研究思路和主要内容

（一）概念界定

1. 金融一体化

对于金融一体化的含义, 国内外学者从不同的角度进行了界定。

一是金融市场的视角。Lars Oxelheim 从金融市场运行的角度把国际金融市场一体化划分为三种类型: 总体金融一体化、直接金融一体化和间接金融一体化。杨培雷（2003）对这三种一体化进行了解释, 认为总体金融一体化包括直接和间接金融一体化, 即相关市场上的实际利率完全相同, 直接金融一体化也称资本市场一体化, 可以通过利率对一价定律的偏离度衡量, 间接金融一体化是指投资者在一国的投资收益与在另一国的投资收益间接地通过其他市场（如商品市场、外汇市场、资本市场）相互联系并相互影响①。

① 杨培雷:《国际金融一体化的含义、结构及其内容探析》,《韶关学院学报（社会科学版）》2003 年第 4 期, 第 2 页。

二是金融资产的视角。郑栋（2000）认为金融一体化分为两个层次：（1）流动性，金融一体化"意味着国内、外的经济主体可以不受任何限制地进行金融资产交易活动，即金融资产具有高度的流动性"；（2）替代性，也就是"国内、外的金融资产具有高度的替代性"。基于此彼得·J.蒙蒂尔（Peter J. Montiel，1994）将金融一体化分为两种形式：弱式金融一体化与强式金融一体化。前者是指不存在任何金融资产流动障碍，后者则意味金融资产一价律的成立，即金融资产的完全替代①。

三是金融规则的视角。刘建江（2009）认为世界金融一体化的实质"就是作为经济体系重要组成部分的金融规则的全球化。金融运行规则是经济运行规则的一个重要组成部分，所谓金融规则就是金融运行的制度或制度安排"，经济规则"既包括由各种微观跨国经济主体所形成的市场运行规则，也包括由世界贸易组织、世界银行、国际货币基金组织、巴塞尔委员会及其他国际条约组织制定的各种宏观经济制度或规则"。这些规则和制度对世界各国的约束力越来越强，规范着世界各国经济主体的经济活动，支持着经济全球化的过程②。

四是金融地理学的视角。张凤超（2005）兼顾了"金融"和"地域空间"两种要素，以金融学和地理学为载体对金融一体化这一概念进行研究。认为金融一体化的初始出发点是金融资源禀赋差异，空间脉络是金融地域运动，本源驱动力是金融效率帕累托改进，物质主体是金融产业，生成基体是金融地域系统，假定前提是金融开放，因此可以把金融一体化确定为"揭示金融地域系统内部金融产业成长趋势的一般规律，系指通过金融核心扩散效应的

---

① 郑栋：《中国金融对外一体化实证研究》，《国际金融研究》2000年第6期，第10页。

② 刘建江：《机遇与挑战——中国直面世界金融一体化》，中国经济出版社2006年版，第2—3页。

发挥,促进金融腹地的金融产业成长状态逐渐改善,从而带动整个金融地域系统的金融产业成长水平,最终实现金融地域系统的金融资源效率帕累托最优化。金融一体化规律的外在表现是金融一体化的现象在时间上的连续更替构成金融一体化的过程"①。

五是动、静态结合的视角。杨培雷(2003)认为"国际金融一体化是指在金融国际化基础上进一步深化发展,从而形成世界范围内金融制度的趋同、金融机构的国际化、金融市场的一体化以及金融协调机制一体化乃至货币一体化等诸方面的一体化状态和过程";国际金融一体化作为一种状态表现为"金融领域中的疆界打破、地域界限的终结";作为一个过程体现为这种一体化的状态是"经历了国际金融关系不断发展和调整的结果",而且也表现为"进一步向一体化发展的趋势"②。黄锦明(2004)亦认为金融一体化既是一种进程,也是一种状态,是指"世界各国各地区金融资源、金融市场、金融活动的融合、相互作用日益增强的进程,金融机构的国际化经济水平提高,以及各国金融体制、金融资产价格趋同的态势"③。

17

综上,金融一体化指各国的金融主体、金融客体、金融市场及金融制度的相互渗透和融合的进程,完全的金融一体化是指这样一种状态:各国金融资产价格、金融制度、投资者的投资回报趋同,各国的消费行为高度相关、消费风险完全分担,金融资本完全自由流动,金融资源的配置效率达到帕累托最优。其根本理念是在分立的国家和区域内形成共同的内生机制,制定共同的政策和制度规范,实现组织体系内超越国家的协调和管理。各国的金融开放、

---

① 张凤超:《金融一体化理论的建构》,《东北师大学报(哲学社会科学版)》2005年第4期,第45—48页。

② 杨培雷:《国际金融一体化的含义、结构及其内容探析》,《韶关学院学报(社会科学版)》2003年第4期,第4页。

③ 黄锦明:《国际金融一体化成因》,《商业时代》2004年第6期,第43—45页。

彼此间金融合作的推进,金融创新的推广、金融活动的谐调是实现金融一体化的重要途径。

2. 金融一体化的效应

金融一体化的效应包括微观效应和宏观效应两类。郭灿(2003)认为金融市场存在的意义在于为资金供求者起到媒介作用,对于资金供给者而言,市场效率至关重要,而对于资金需求者而言,用何种方式筹资,即企业资本结构也至关重要,以上两个问题通过资产定价融合在一起,金融市场微观效应包括资产定价效应、投资者的多样化收益和消费者的跨期平滑效应等方面。金融一体化的宏观效应是指金融一体化对各国国民经济总体及其经济活动和运行状态的影响,如总供给与总需求,国民经济的总值及其增长速度等,社会资源配置是否合理,经济运行是否稳定,各种社会经济利益关系是否协调等。本书主要研究东亚金融一体化的宏观经济效应,即金融一体化对东亚各国家(地区)经济增长及经济稳定性的影响。

(二)研究思路及主要内容

1. 研究思路

本书对东亚金融一体化进行度量并分析其宏观经济效应,在此基础上提出进一步推动东亚金融一体化、促进东亚各国(地区)经济增长及经济稳定的对策。研究思路如图0-1所示:首先对金融一体化的度量方法及效应进行理论分析,包括微观和宏观两种视角。微观视角的度量方法即国际资产定价法,宏观视角的度量方法包括基于跨境资本流动的数量法和管制法,基于跨境风险分担的消费相关法,基于利率联系性的利率平价法。微观效应主要指金融一体化对国际资产组合构成、定价及由此决定的微观主体福利的影响;宏观效应指金融一体化对经济增长和经济稳定性的影响。在理论分析基础上,本书从宏观角度对东亚金融一体化进

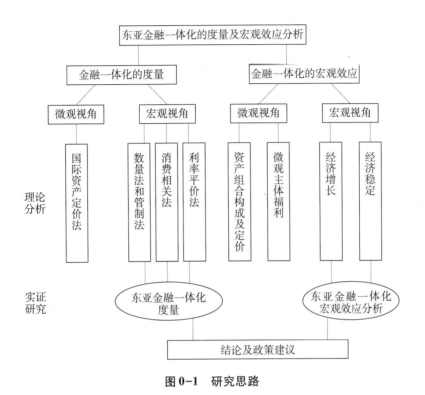

图 0-1 研究思路

行实证研究,即从国际资本流动、跨国风险分担、利率关联性等宏观视角度量东亚金融一体化并对其宏观效应进行分析,最后提出推动东亚金融一体化的同时促进东亚各国(地区)经济增长和经济稳定的策略及中国应采取的对策。

2. 主要内容

本书包括导论、正文(一至五章)、结论三部分。主要内容如下:

导论部分主要介绍研究背景和问题的提出、简要文献综述、概念界定、研究思路和主要内容、研究意义、研究方法和主要创新。

第一章对金融一体化的度量方法及微观、宏观效应进行了理论分析。首先分析了金融一体化的度量方法,包括限制法、数量法、利率平价法、消费相关法及资产价格法。其次分析了金融一体

化的微观效应,主要包括国际金融市场资产组合的构成、定价及微观主体福利,分析了完全一体化和部分一体化市场中的国际资产定价模型,两种模型都包括静态和动态两类,后者考虑了跨期因素。再次分析了金融一体化的宏观效应及其实现机制和条件,金融一体化具有促进经济增长、平抑经济波动的正向效应,但这种宏观效应的实现需要相应的作用渠道和具备一定的基础条件。

第二章从利率平价法的视角度量东亚金融一体化。包括非抵补利率平价法和实际利率平价法。首先是非抵补利率平价法,结合东亚经济体金融自由化程度的差异,构建模型研究了东亚各国(地区)与美国非抵补利率平价的长、短期成立条件、利率平价的长期均衡水平、动态调整速度及波动性。然后对实际利率平价理论进行检验,运用协整技术及向量误差修正模型研究了东亚各经济体与美国、日本的实际利率平价关系及其在亚洲金融危机前后的变化。实证研究说明东亚多数经济体与美国实际利率平价成立,与日本不成立。

第三章从国际资本流动及风险分担视角度量了东亚金融一体化。首先运用数量法从国际资本流动角度分析了东亚金融一体化,可以看出东亚金融一体化程度逐步提高。其次从跨国风险分担的角度进行分析,包括相关性分析和回归分析。相关性分析分别研究东亚成员国本国消费和本国产出、本国消费和世界产出的相关性;回归分析以本国相对于世界消费增长率的差别为因变量,以本国产出相对于世界产出增长率的差别为自变量构建回归方程,通过分析回归系数是否趋于零研究跨国风险分担。两种方法的结论均说明东亚的风险分担程度较低。最后研究金融一体化、贸易开放度、金融发展水平及通胀水平对东亚跨国风险分担的影响。

第四章研究东亚金融一体化的宏观效应及实现条件。首先构建计量模型分析了东亚金融一体化的宏观效应,包括经济增长和经济稳定效应。从经济增长效应来看,东亚金融一体化与经济增长不相关或负相关,不具备传统理论所描述的正相关关系;从经济稳定效应来看,实证分析亦不充分支持金融一体化能平抑经济波动这一结论。然后分析了宏观效应的实现条件,指出东亚银行体系的脆弱性、债券市场的欠发达、较为薄弱的政策制度环境及层次较浅的贸易一体化都制约着金融一体化积极宏观效应的实现。

　　第五章为结论及对策建议。首先总结了全书的结论,即基于利率平价、国际资本流动及风险分担视角对东亚金融一体化的度量,及东亚金融一体化的宏观效应和实现条件。其次提出了以推动金融合作同时促进东亚各国(地区)经济增长的政策建议,进而提出中国应采取的对策。最后指出本书研究的不足之处和后续研究展望。

四、研究意义、研究方法和主要创新

(一)研究意义

　　随着东亚各国(地区)金融市场的逐步开放和东亚金融合作的进一步开展,东亚经济体在金融市场、金融制度、金融活动方面的依赖性逐步增强。日趋紧密的金融联系是否有效提高了东亚的金融一体化?犹如一把"双刃剑"的金融一体化对东亚经济体具有怎样的宏观效应?中国应如何在东亚金融一体化进程中防范风险、争取收益?研究这类问题对于制定合理的东亚金融合作方案有着极为重要的意义。同时现有关于金融一体化的研究主要以发达国家为对象,本书立足宏观视角,从利率联系、国际资本流动和风险分担的角度度量东亚金融一体化并分析其宏观效应,研究的内容具有一定的现实意义和理论价值。

（二）研究方法

本书采用了理论研究与实证研究相结合的方法。理论部分对金融一体化的度量方法、微观资产定价模型及宏观效应进行了分析；实证部分运用相关性分析、时间序列数据的协整分析、面板数据的回归分析等方法对东亚金融一体化进行度量并研究其宏观效应。此外还将静、动态分析相结合，静态分析考查在既定自变量下因变量达到均衡状态时的情况，动态分析则考查整个发展变化过程。本书运用静态方法研究偏离利率平价时所达到的长期均衡水平，由此分析金融一体化的市场障碍；运用动态方法研究东亚金融合作进程中各国（地区）的利率联系、跨境资本流动及风险分担。并且采用了比较研究方法，包括对1997年亚洲金融危机前后的金融一体化进行对比，以及对金融一体化程度不同的几类经济体宏观效应的对比分析等。

（三）主要创新

第一，研究范式创新。立足于宏观视角，先从利率联系、国际资本流动和风险分担等角度对东亚金融一体化进行测度，定量分析其状态和特点，进而研究相应的宏观效应，最后分析促进金融一体化及改善宏观效应的对策，建立了东亚金融一体化宏观研究的分析范式。

第二，研究内容创新。金融一体化研究领域进行了一些较新的探讨：金融一体化度量方面，对比了东亚与美国、日本在亚洲金融危机前后实际利率的长期均衡关系；在东亚经济体动态开放的市场背景下分析了东亚各国（地区）与美国非抵补利率平价的成立条件；分析了东亚经济体的跨境风险分担及影响因素。宏观效应研究方面，分析了东亚金融一体化与经济增长的"跨时替代"关系并剖析其成因；研究了金融一体化对经济稳定性的影响;对金融一体化程度较高和较低的经济体进行了对比分析。

第三,观点及对策创新。运用实证方法较为客观地评估了东亚金融一体化进程中各国(地区)利率的联系性、国际资本流动的规模、跨国消费的关联度;金融一体化与经济增长和经济稳定的关系,并进行了成因分析;提出了在金融一体化进程中促进东亚经济增长和经济稳定的政策建议,以及中国应采取的对策。

第一章　金融一体化的度量及效应分析

本章从理论上分析金融一体化的度量方法及效应。从资本流动、利率联系性、资产定价、跨国消费风险分担等角度概述金融一体化的度量方法，分析其微观效应和宏观效应。微观效应主要指国际金融市场中资产组合的构建、定价及微观主体福利，结合不同程度的金融一体化条件构建资产定价模型是研究微观效应的主要方式，通过这类模型可分析不同国际金融市场结构下的金融资产组合及定价，投资者的多样化投资及消费者的消费平滑收益。宏观效应主要指金融一体化对经济增长和经济稳定性的影响，以及这种影响的实现机制和条件。

第一节　金融一体化的度量方法

金融一体化的度量方法包括限制法、数量法、利率平价法、消费相关法及资产价格法。限制法和数量法都是通过跨境资本流动来度量金融一体化，前者重在分析资本市场的管制措施，后者则侧重考察一国跨境资本的流动量。利率平价法通过两国利率的差异性、消费相关法通过跨国消费和产出的相关性、资产定价法通过影响金融资产风险溢价因素的全球化程度来衡量金融一体化。前四种方法主要从资本流动、利率关联及消费风险分担等宏观角度分析,最后一种方法则是从金融资产价格这一微观视角进行分析,以下将对这五种方法做一概述。

一、限制法

金融一体化与资本流动密切相关,金融市场的一体化会促进国际资本的自由流动;而资本的流动性又受资本管制的影响。限制法即通过分析资本管制的程度来衡量金融一体化,假定官方管制的消除可以在一定程度上促进金融一体化,这样通过分析资本流动的官方管制即可判断一体化程度。IMF 的"汇率安排与汇率管制年报"(Annual Report on Exchange Arrangements & Exchange Restrictions ,简称 AREAER)为这一方法提供了依据,该报告较为细致地评估了各国资本流动的制度环境。管制法应用的主要难点在于指标的定量化:Quinn(1997)根据 AREAER 对各国的资本管制程度进行打分;Chinn & Ito(2005)通过"份额"指标来表示一体化程度,即一国资本账户开放年份所占的比重;Grilli & Melesi-Ferretti(2005)从资本及经常账户管制的角度构建了量化指标;Edwards(2005)在前述方法的基础上结合各国的具体信息构建了新的度量指标。管制法的好处是对政府的资本管制进行了较为直接的描述,不足之处在于不能准确度量资本账户的开放和管制政策的影响程度,此须和其他方法结合使用。

二、数量法

数量法根据实际资本流动构建指标衡量金融市场一体化,即国际资本和服务的量越大金融一体化程度越高。主要指标一是流量指标,即资本流入和流出的总量与 GDP 之比,这一指标的优点是可以真实反映双向的资本流动,缺点是变化较快,易产生统计误差。二是存量指标,即国外存量资产和负债之和占 GDP 的比重,

当一个国家与全球市场一体化时,其国外资产和负债存量会增加,从而获得证券组合多元化的收益,从风险分担角度而言,这一指标有更实际的意义。Jeon、Oh、Yang(2006)用该指标研究了东亚的一体化,结果说明在金融危机前东亚金融一体化程度逐渐提高。周丽莉、丁东洋(2009)运用该指标对东亚及太平洋地区金融一体化的研究显示,1970—2004 年东亚对世界金融市场的一体化水平日益提高,特别是在 20 世纪 90 年代后这种趋势进一步增强。

三、利率平价法

利率平价法通过分析利率差异判断金融市场一体化,即两个金融市场的利率差异越小金融一体化程度就越高。具体包括抵补的利率平价法(Covered Interest Parity,CIP)、未抵补的利率平价法(Uncovered Interest Parity,UIP)及实际利率平价法(Real Interest Parity,RIP),三类利率平价可衡量不同程度的资本流动。

(一)抵补利率平价法

抵补利率平价理论认为两个市场的利率差价等于汇率的远期升(贴)水率,对 CIP 的偏离意味着金融市场存在一体化障碍,如资本管制、交易成本等。大量实证研究表明,在一个有效的外汇市场中,套利可以保证抵补的利率平价成立,在存在资本管制的市场中,对抵补利率平价的偏离被称为"政治溢价"(Frankel & MacArthur,1988)。Williamj(1995)认为对抵补利率平价的偏离意味着存在无风险套利机会,这种套利利润只有通过高效的国际资本市场才能消除,其消失的速度可以衡量市场的一体化程度,他运用脉冲响应函数研究了英国、日本、加拿大、德国与美国资本市场的一体化程度,结论是只有德国、美国的资本市场是有效率的。

(二)未抵补利率平价法

未抵补的利率平价认为两个市场的利率差价等于预期汇率贬值率,其成立条件比抵补利率平价更为严格,除了要求国家风险溢价为零外,还要求汇率风险溢价为零,该指标使用的困难在于预期的贬值率不可观测。由于信息的滞后和交易成本的存在,严格意义上的非抵补利率平价是不成立的,两国利率差异与预期汇率升(贬)值率间必然会存在一定的偏离,实证研究中用这种偏离的大小、收敛性、随机性及调整速度代表利率平价的成立条件。Yin、Menzie、Eiji(2003)运用偏离序列的收敛性检验中华经济区的长期利率平价,运用其随机性检验瞬时利率平价,结论是这一区域利率平价长期内成立。Kate(1997)通过偏离序列的长期均衡值及向该均衡的收敛速度研究利率平价的动态调整过程,向长期均衡的调整速度越快金融市场一体化程度也越高,结论是金融危机之后东亚经济体利率平价的调整速度快于危机前。

(三)实际利率平价法

实际利率平价检验法认为当两个市场实际利率相等时金融一体化程度较高。其前提条件是要求购买力平价成立,即金融资本和非金融资本的完全自由流动。在三种利率平价理论中,实际利率平价的成立条件最为严格,要求国家风险溢价、汇率风险溢价及预期实际汇率变化均为零,可用来检验金融市场的长期一体化。实证研究文献大多表明,从长期来看各国的实际利率差异是平稳的,但并不趋于零。Lothian(2000)的研究表明跨国的利率差异在金本位制度、布雷顿森林体系及现在的浮动汇率制度下都较为相似(但不是零)。Lawerence,James & John(2003)通过研究美国、英国等六大主要工业国中的任意两国在布雷顿森林体系和浮动汇率制度下实际利率的差异,分析了其金融市场一体化的程度及动态变化,结论是这六国的金融市场长期内是一体化的。Jeon、Oh、Yang(2006)用同样的方法研究了亚洲六国的长期实际利率差异,以1997年金融危机为拐点,结论是这些国家在危机之后与全球市场更为一体化,而亚洲金融市场内部的一体化程度则尚存争议。Cheung、Chinn、Fujii(2003)对中华经济区的研究则表明长期内中

国与中国香港、中国台湾等地的实际利率平价成立,但短期并不成立,受资本管制程度、外商直接投资的联系度及汇率波动的影响。

四、国际资产定价法

国际资产定价法主要用 CAPM 模型衡量资本市场一体化的程度,基本思想是在一个一体化的市场中,风险由不可分的全球性因素决定,对单位风险的溢价补偿(风险的世界价格)也是全球一致的,因此在解释各国的期望收益时风险回报并不重要,因为每个国家都面临着共同的全球性风险溢价。而在完全分割的市场中各国的风险回报则有较大差别,因为风险的来源存在差异。在部分一体化的市场中,风险溢价由国内、国际因素共同决定,这样通过检验不同假设下的 CAPM 模型即可确定市场的一体化程度。

(一)对基本国际 CAPM 模型的检验

按照 CAPM 模型,如果各国资本市场的一体化程度和效率都较高,则具有同种风险的资产价格应该相等。De Menil(1999)、Oh(2003)根据这一思路检验了欧洲资本市场的一体化。Jeon、Oh & Yang(2006)将 Oh(2003)的模型修改后应用于金融市场,按照 Solnik(1974)的方法构建世界市场组合,通过对中国大陆、中国香港、中国台湾、日本、韩国等 11 个东亚国家和地区的研究,检验了东亚金融市场的一体化,他们的结论是东亚金融市场的一体化程度逐渐提高,整体而言东亚资本市场与世界市场的一体化水平要高于内部一体化水平,但在东亚金融危机之后,东亚各国的内部一体化程度提高,而国际一体化程度则有降低趋势。

(二)对国际条件 CAPM 模型的检验

CAPM 模型的条件形式引入了随时间变化的条件矩,认为一种资产的条件期望回报与该资产和市场组合的协方差成正比,比例因子为对投资者所承担的单位协方差风险的收益补偿。Harvey(1991)将这一条件模型拓展至国际资本市场:某国证券投资组合的收益与该组合和世界市场组合的条件协方差成正比,比例系数为协方差风险的世界价格。如果世界资本市场是条件均值—方差有效的,则国际条件 CAPM 模型成立,反之则说明市场的不完善。Harvey 以美国、德国、日本等 17 国 1969—1989 年的数据为样本,计算了这些国家的条件风险溢价,结论是样本国家资本市场一体化程度较高,证明了世界市场的条件均值—方差有效性。

在 Harvey(1991)模型的基础上,Bekaert & Harvey(1995)运用区制转移模型(Regime Switching Model)研究了市场一体化动态演进过程中的资产定价问题。他们在两个方面放宽了 Harvey(1991)模型的基本假设:一是风险价格可变,各国的方差风险价格由各国具体信息变量而定,协方差风险的世界价格由全球信息变量而定;二是一体化程度可变,通过赋予协方差、方差一个随时间变化的权重来衡量资本市场的动态一体化过程。他们引入了一个新的变量——金融市场动态一体化的概率,取值在 0—1 之间,可被解释为由 t-1 时刻的信息所决定的条件市场一体化水平,当市场完全一体化时取 1,市场完全分割时取 0。得出了很多和前述研究不同的结论:多数国家的一体化程度都是动态变化的,因此机械地假设国际市场处于完全一体化、完全分割或部分分割是片面的,所得出的资产定价模型也是有局限的。

在此基础上,Gikas 等(2006)建立了可变转换概率条件下的动态一体化资产定价模型,用该模型可定量分析资本市场的一体化程度。他们以欧盟为例进行了研究,其资产组合包括全球资产和当地资产,欧盟市场面临货币风险和市场风险,各国市场面临欧盟市场风险(国际风险)、货币风险和本国市场风险。欧盟风险和国内风险的价格分别是欧盟、国内信息变量的指数函数,货币风险则由单纯的欧盟信息变量决定。Gikas 等以欧盟十一国及英国为样本,确定了影响全球和地区风险价格以及动态一体化程度的信息工具变量,通过对比欧盟市场风险、货币风险及国家风险在决定

股市超额回报中的重要性,以及对动态一体化参数的估计分析了欧盟20世纪90年代资本市场的一体化进程,发现90年代后半期以后,欧盟各国股市的回报更多由欧盟范围内的风险决定,而较少受到各地风险的影响,未加入欧盟的英国股市一体化程度则并未显著提高,说明欧盟内部的资本市场一体化程度不断提高,但这并非世界市场一体化的结果。

五、消费相关法

消费相关法从消费平滑的角度来衡量金融一体化,理论依据是开放经济中的跨期模型。金融市场的一体化可以提供更多的消费平滑机会,降低消费的波动,一个完全一体化金融市场中的消费风险也是完全分担的,因此国内消费和产出的相关性较低,跨国消费增长的相关性很高,国内消费增长与世界产出的相关性高于和国内产出的相关性。在实证研究中,对完全消费分担假设的拒绝说明市场的不完善,因此通过对消费平滑程度的分析也可以判断一个经济体的金融一体化。Obsfeld(1995)构建计量模型研究了七国集团(G7)国内消费和世界消费的联系性,结论是完全消费风险分担的假设并不成立。郑海青(2009)运用消费相关法对东亚进行的研究表明东亚市场总体的消费平滑度很低,区域资本市场在消费平滑中发挥的作用很小,说明以消费风险分担衡量的东亚金融一体化程度还相当低,尤其是资本市场的一体化还处于发展的初始阶段。

第二节 金融一体化的微观效应分析

金融一体化的微观效应主要包括在日趋一体化的金融市场中国际资产组合的构成及定价,以及这些投资组合的变化如何影响

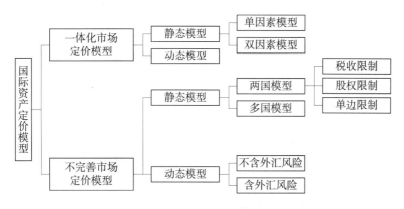

图1-1　国际资产定价模型概述

微观主体福利,包括投资者的投资多样化收益及消费者的消费平滑收益。研究微观效应的主要方法是构建国际资产定价模型,在金融一体化的不同市场条件下分析国际资产组合的结构、价格决定以及市场主体福利。如图1-1所示,国际资产定价模型主要分为两类:一类假设国际金融市场是完全一体化的,根据国际市场的特点运用修正后的CAPM模型定价;另一类认为国际金融市场是非完全一体化的,结合各种投资限制构建新的资产定价模型。两类模型都包括动态和静态两种。完全一体化市场的静态模型仅考虑单期投资,可分为单因素模型和双因素模型,前者仅考虑市场风险,后者在市场风险溢价的基础上加入了外汇风险溢价。动态模型拓展了国内动态CAPM模型并将其应用于国际市场,将跨期对冲纳入分析框架,综合分析市场风险、外汇风险及跨期对冲等因素对资产定价的影响。不完善市场定价模型中的静态模型假设没有跨时消费,可分为两国和多国模型:前者假设一国资本市场管制而另一国完全开放,这种限制包括税收限制、股权限制及单边市场限制;后者则在多国框架中发展了一种"混合分割"的市场结构。动态定价模型引入了跨期性消费并假设利率是内生的,包括不含外汇风险和包含外汇风险两种情况。以下将通过这些模型研究金融

31

一体化的微观效应,包括资产组合的选择、定价及投资者的福利收益等问题。

一、完全一体化条件下的国际资产定价模型

不考虑市场分割因素,完全一体化条件下的国际资产定价模型可分为静态模型和动态模型,分别在单期及多期投资框架内进行分析。静态模型可分为单因素模型和双因素模型,前者仅考虑市场风险,后者综合了市场风险和外汇风险。然而静态模型并没有考虑投资者会通过投资防范未来消费的不利变化,这种对跨期风险进行对冲的动机成为影响定价的又一因素。动态模型将跨期对冲纳入分析框架,分析了跨时套利对于国际资产定价的影响。

(一)静态国际资产定价模型

静态国际资产定价模型不考虑投资者的跨期套利行为,包括单因素模型和双因素模型两类。在单因素模型中市场组合是唯一影响资产定价的风险因素,双因素模型则综合分析了市场风险和外汇风险对资产价格的影响。

1. 单因素模型

单因素模型中非条件形式的模型隐含无条件的矩约束,研究平均风险是否能解释平均回报的问题;条件形式的模型则引入了随时间变化的条件矩,适用于资产收益和方差随时间波动的情况。

(1)非条件形式的模型

Solnik(1974)认为,传统 CAPM 模型只包括国家投资,在应用于国际市场时有很多局限性,如需要考虑外汇风险对各国投资的影响及是否存在全球统一的无风险资产等,他通过设定一系列基本假设来解决上述问题。首先是国内 CAPM 模型的基本假设:不存在交易成本和税收,信息完全透明,投资者用均值—方差标准化其期望效用。其次是将这一模型拓展至国际金融市场的附加假设:跨国资本的自由流动;每个国家都有各自统一的自由借贷市场

利率,对于外国投资者而言,一个国家的无风险资产仅包含纯外汇风险;所有投资者对以本国货币表示的汇率变化和收益分布都有相同的预期,投资者仅消费本国商品。在上述假设下,Solnik 的国际 CAPM 模型包括三部分内容:首先是定义了一个由三种基金组成的共同基金组合(Mutual Fund Theorem),一是国际市场组合,以各国股票的相对市值为权重,通过套利规避外汇风险;二是国际无风险资产组合,以各国的净对外投资地位为权重;三是本国无风险资产。其次是界定了风险定价关系,一国证券相对于本国无风险收益率的风险溢价与国际系统风险成正比。此外,两国利率的差异等于两国货币平价的期望变化加上一个与外汇风险协方差有关的项,这一关系隐含远期汇率是未来即期汇率的有偏估计,这种偏差取决于风险的分散化程度。最后 Solnik 对上述风险定价关系进行了实证检验,综合结论说明国际市场上的股票按国际系统风险定价的同时对于具体国别因素也存在较大的依赖。

(2)条件形式的模型

经典 CAPM 模型的条件形式引入了随时间变化的条件矩,认为一种资产的条件期望回报与该资产和市场组合的协方差成正比,比例因子为协方差风险价格,这一价格是对投资者所承担的单位协方差风险的收益补偿。Harvey(1991)将这一条件模型拓展至国际资本市场:某国证券投资组合的收益与该组合和世界市场组合的条件协方差成正比,比例系数为协方差风险的世界价格。条件 CAPM 模型的假设一般集中于两个方面:一是描述与信息变量有关的收益概率分布的矩行为;二是风险的价格表现。Harvey 假设协方差风险价格不变,第二矩以不限定方式自由移动,只对第一矩进行限定。投资者根据所收集的信息对各国证券组合及世界市场组合的收益进行预期,这种预期与实际值之间存在的偏差称为预期误差(Forecast Error),预期误差的存在又使根据条件 CAPM 模型估计出的证券收益的理论值与实际值间存在一个定价误差

（Pricing Error），如果条件 CAPM 模型成立，定价误差的分布应与信息集无关。接着 Harvey 构建了一个由预期误差和定价误差组成的计量模型，并用广义矩估计法（GMM）进行估计，如果该模型的 λ^2 统计量较高，说明误差的分布与信息变量的选取有关，条件 CAPM 模型不成立，反之则成立。Harvey 的实证结论显示世界市场是条件均值—方差有效的，但其风险敞口随时间而变化，世界协方差风险价格并不恒定。

2. 双因素模型

单因素模型只考虑了建立于风险资产和市场组合协方差基础上的市场风险溢价，并未考虑外汇风险，而这一风险恰恰是不可忽略的。Solnik（1997）认为将传统 CAPM 模型应用于国际市场只有在两条较为严格的假设下才能成立：一是全球投资者有共同的消费篮子；二是各国商品真实价格相同，购买力平价在任何时点都成立，在这种情况下外汇汇率仅反映了两国通胀率的差异，外汇汇率的不确定性仅是一种货币幻觉。然而实际上对购买力平价的偏离形成了汇率的偏差，并且各国消费者的消费偏好也存在差别，投资者需要对冲外汇风险。因此将传统 CAPM 国际化需要基于另一个更合乎实际的假设，即投资者关心以其母国货币表示的收益和风险，且可以任何货币自由借贷，根据利率平价，投资者可通过远期外汇合约防范外汇风险，所以一种资产的风险溢价为市场风险溢价和外汇风险溢价之和，比例系数分别为反应该资产与市场组合协方差的市场 β 系数，以及反映其与多种货币外汇汇率协方差的货币 β 系数。在这种情况下，传统的单因素模型仅适用于那些与汇率变化无关或可以通过对冲完全防范外汇风险的资产。

Adler & Dumas（1983）在其条件资产定价模型中首次考虑了外汇风险，将风险溢价的计算建立在资产收益与外汇汇率协方差的基础上，而非像传统模型将风险回报建立于资产收益与市场组合协方差的基础上。他们所推导的风险定价关系是一种资产或资产组合的条件名义回报,是条件外汇风险溢价与条件市场风险溢价之和,这两种风险溢价的比例系数,即外汇风险以及市场风险的世界价格都是动态变化的。早期的条件资产定价模型对与工具变量有关的收益概率分布的矩量及风险的市场价格都存在较多限制,Dumas & Solnik(1995)放宽了一些限制,假设第二矩彼此间可成比例变化,市场价格风险与工具变量线性相关,用 GMM 估计研究了德国、英国、日本、美国的风险资产定价问题,这些国家实证检验支持外汇风险溢价的存在。

(二)动态模型

传统的 CAPM 模型为静态模型,并未考虑投资的长期性。在一个动态经济体中,投资者会调整投资组合以防范未来消费及投资的不利变动,这种对跨期风险进行对冲的动机同样会影响资产定价,很多学者在实证研究中发现了资产定价的跨期特征。Harvey(1991)用 GMM 法检验了国际资产定价模型,捕捉到了各国股票超额回报的一些动态特征。Dumas & Solnik(1995)在其研究中也指出,由于投资者预期到工具变量的未来变化并予以对冲,因此条件 CAPM 模型应是跨时的。De Santis & Gerard(1997)也认为分析国际资产定价模型时其跨时的本性应被考虑在内,他们用 GARCH 的参数化方法对二阶矩进行描述,其检验结果说明单因素模型无法解释国际期望收益的动态性。考虑到跨期对冲(Intertemporal Hedging)风险溢价的国际 CAPM 模型可称为动态模型。这一模型的理论推导建立于 Merton(1973)和 Compbell(1993,1996)的国内动态 CAPM 模型基础之上。

1. 国内动态资产定价模型

Merton(1973)提出了一种连续时间的资产定价模型,把对冲需求考虑为影响风险溢价的因素之一。他指出经典 CAPM 模型中有许多较为严格的假设受到了理论和实证上的批判,尤其是投资组合选择时遵从的马克—维茨的均值—方差标准、同质预期及

单期化交易行为。Merton将动态交易的假设引入模型,他指出资产交易是一个连续过程,风险厌恶的投资者会防范未来不利的投资及消费变化,在此基础上推导出了一系列描述资产价值及动态回报、投资者的偏好结构、动态预算及资产需求的方程。在他的模型中提出了影响定价的两大因素:市场因素和对冲因素,因此资产的超额收益不仅由资产收益与市场组合收益的协方差决定,还与资产收益和描述投资及消费机会变化的状态变量的协方差有关。

对Merton的连续时间模型进行实证检验存在着很多困难。Compbell(1993,1996)提出了另一种非连续时间模型。他认为多元化消费及证券组合选择从本质上来讲是非线性的,如何将其线性化成为构建动态化多期模型的关键。Merton(1973)的解决办法是把决策间隙看成无限小,这样在间隔内模型为线性的,但是这种线性模型有一定局限,不能研究长期跨期定价问题。Compbell(1993,1996)模型对数线性分析框架克服了这一弊端,假设消费—财富比的变化很小,资产收益和有关资产未来收益的信息是对数正态分布和同方差的,他用Epstein和Zin(1989,1991)以及Weil(1989,1990)的非期望效用模型构建了一个对数线性的欧拉方程,这样便把跨时替代弹性系数从相对风险厌恶系数中分离出来,消费—财富比取决于消费跨期替代弹性,而资产风险溢价则由相对风险规避系数决定。在这一定价关系中风险溢价不光取决于资产收益和市场收益的协方差,还与反映未来市场收益的信息有关。该模型实质上是一种两因素模型,认为一种资产通过其与市场组合以及解释投资机会变化的对冲组合的协方差来定价。在实证方面,Compbell推导出的风险溢价公式可在没有消费数据的前提下进行检验,这比起很多使用聚集性消费数据的实证研究而言有许多优势,因为这些数据的误差和时间聚集性会对风险定价关系产生影响。

2. 国际动态资产定价模型

很多学者对国内资产定价模型进行了拓展,将其应用于国际市场环境中。Chang & Hung(2000)在 Compbell 模型基础上构建了包括市场风险溢价和对冲风险溢价的两因素国际均衡资产定价模型。其模型的主要贡献包括:一是在 Compbell 模型的基础上建立了可检验的动态资产定价模型;二是认为除了市场风险外,对冲风险也应该被定价;三是衡量了上述两种风险在每个时点的相对重要性。其实证结论是市场风险和对冲风险在国际资产定价中都发挥着重要作用,二者呈负相关关系,其中市场风险溢价为正,而对冲风险溢价为负,因为对冲组合起到了规避风险的作用。

在 Chang & Hung(2000)两因素动态模型的基础上,Chang、Errunza、Hogen & Hung(2005)沿用 Compbell(1993)的方法,在更广泛的假设前提下建立了四因素的跨时资产定价模型。不仅同时研究了国际资产定价中的市场风险、外汇风险及套利风险,还区分了市场套利风险和外汇套利风险。他们采用了预算约束的对数线性估计法以剔除消费,同时引入了不断变化的通胀率以及递归偏好(Recursive Preference),这种偏好使他们可在资产定价模型中把投资者对风险的态度和投资者运用远期消费替代近期消费的意愿相区别。在实证上运用 GARCH 过程对理论模型进行了检验:结论是国际资产收益由市场风险、市场对冲风险、外汇风险及外汇对冲风险的加权平均决定,并且在国际资产定价中外汇风险比对冲风险更为重要。总之,这一模型综合了 Alder & Dumas(1983)的国际资产模型和 Compbell(1993)的跨时定价模型,前者较多强调了外汇风险的重要性,假设了一个固定的投资机会,认为外汇风险等同于市场套利风险;后者考虑了套利风险和市场风险,忽略了外汇风险;Chang 等的国际动态资产定价模型综合了三种风险,弥补了上述不足。

二、市场有管制条件下的国际资产定价

CAPM 模型中假设只有一种世界市场组合,这种组合的定价是均值—方差有效的。然而国际金融市场并不完善,这种不完善的市场条件主要由各种投资限制造成,包括汇率的限制和资本管制,如限制外国投资者进入当地资本市场,限制其股权比重、股息及资本利得收益等,市场障碍会影响投资者的资产选择及资产的均衡价格,使不同国家的投资者有不同的投资机会,世界市场组合并非国际金融市场的唯一组合。很多学者构建理论模型,研究了在不同形式的市场约束下,投资受限制的证券和不受限制证券的定价差异,及这种差异对构建最优投资组合及资产定价的影响,部分模型也涉及对投资者福利的影响,具体可分为静态模型和动态模型。

(一)静态模型

静态模型的基本特点是假设各国的资本市场是完全竞争的,投资者齐次预期,其效用可用投资组合实际收益的均值和方差来表示,各国投资者可用相同的实际利率自由借贷,这一利率水平是外生的,不受资本市场分割的影响。真实收益正态分布,没有汇率风险,具体可分为两国和多国模型。

1. 两国模型

(1)税收限制的两国模型

Black 和 Stulz 从国外证券的持有成本角度研究了市场障碍,他们用税收差异表示持有成本。Black(1974)模型以投资者持有国外风险资产的净值为税收的基础,Stulz(1981)模型则以持有风险资产的绝对价值来课税。假设国外投资者在国际投资时无限制,而国内投资者在投资国外证券时则需要交税,在此基础上他对投资组合的结构及市场需求进行了分析。投资者持有的资产可分为可交易资产和不可交易资产两部分:可交易资产包括国内风险资产和国外风险资产两部分。可交易资产位于三条平行的证券市

场线上:最上方的证券市场线代表国外风险资产的多头头寸,最下方的代表国外风险资产的空头头寸,中间的代表国内风险资产。描述国外不可交易风险资产的点位于两条描述国外风险资产多、空头的证券市场线之间。不可交易资产多指 β 值较低的资产,因为其较低的收益不足以抵消由于市场障碍而产生的持有成本。这一结论的实证意义在于:第一,当检验国际资产定价模型时应谨慎采用大量的低 β 值证券;第二,如果单纯由低 β 值证券组成的证券市场线和单纯由高 β 值证券组成的证券市场线的斜率存在差异,则是市场不完善的重要信号;第三,在构建国外资产组合时应格外注意,购买国外的市场组合对国内投资者而言可能无异于购买了效率较低的证券。Stulz 并未对其模型进行检验。

(2)股权限制的两国模型

Eun & Janakiramanan(1986)从股权比例限制的角度来分析市场不完全,在他们的模型中,国外投资者投资于国内市场时无限制,而国内投资者投资于国外公司时则有限制,即持有第 i 个外国公司股权的比例不得超过 δ,称为 δ 约束(δ Constraint)。存在 δ 约束的外国证券有两种价格:对国内投资者的高定价和对国外投资者的低定价。这种双重价格机制说明,和没有约束情况下的均衡价格相比,在购买 δ 约束证券时国内投资者被要求支付一定的溢价,而国外投资者则要求有一定的折价。溢价是折价的乘数,这一乘数为国内、外投资者风险规避程度之比。溢价和折价的幅度由 δ 限制及国外纯市场风险决定:δ 限制越严格及国外的市场风险越大,国内投资者支付的溢价就越大,国外投资者要求的折让也越多。为了使在 δ 约束下的多样化损失最小化,国内投资者会持有一个国内证券的"调整"组合,这些证券和国外市场组合高度相关,δ 约束越大,投资者就会持有更多的"调整"组合。

(3)单边限制的两国模型

Errunza & Losq(1985)构建了只有一个国家存在投资限制条

39

件下的两国静态均值方差模型。他们提出的"混合分割"的市场结构更接近于实际金融市场:假设 A 国的投资者受限制而证券是合资格的,B 国的投资者不受限制但证券不合资格。具体而言,两国的证券投资是单向的,即 B 国投资者可投资于 A 国证券,但 A 国投资者不可投资于 B 国证券。在市场分割条件下投资组合有不同的类型:一是市场组合,包括世界市场组合、非合格证券的市场组合和合格证券的市场组合三类;二是多样化组合,由与非合格证券组合相关性较大的合格证券组成;三是对冲组合,由非合格证券市场组合中的买空头寸和多样化组合中的卖空头寸组成。两类投资者持有不同的投资组合:限制性投资者不能通过持有不合格证券来分散其投资组合,而只能采取次优选择,即持有合格证券的市场组合和一个代表非合格证券的市场组合——多样化组合,非限制性投资者可持有世界市场组合和对冲组合。两类证券的定价方法也有较大差异:合格证券的定价和无分割市场中的情形一样,即与该证券和合格证券市场组合回报的协方差成正比;非合格证券则需要有一个正的风险溢价,这一溢价代表了构建市场组合时从非合格证券中选择风险证券的成本,因而也可以衡量市场分割的效果。Errunza & Losq 对其模型进行了实证检验,结论是国际金融市场部分分割的假说获得了一定程度的支持。

2. 多国模型

Errunza 和 Losq(1989)在多国框架中发展了"混合分割"的市场结构,构建了市场不完善条件下资产定价的多国模型。和两国模型相比,他们在以下方面有所创新:第一,在市场不完善的假设上有所突破,基于发展中国家对资本流入比资本流出更严格的市场管理,提出了一种不对称性绝对约束(Asymmetric Absolute Barrier)的市场结构。第二,市场的限制是动态变化的,模型分析了引入新限制和取消旧限制对最优资产组合及其定价的影响。第三,将两国的分析框架扩展至多国并分析了对投资者福利的影响。

Errunza 和 Losq 假设国际市场分为两个区域,即核心区和表层区。核心区包括所有可交易的证券,任何投资者都可不受国籍限制自由地买卖这类证券。表层区包括 N 个不同的分割市场,每个投资者只能投资于一种分割市场。这种市场约束又称不对称性绝对约束市场。和前述单向市场约束最大的区别在于:单向约束市场中表层区的市场是完全一体化的,彼此之间不存在投资限制,表层区的投资者可投资于核心区的证券,反方向的投资则不行,存在着税收、股权比例等局部管制或者完全的管制;而不对称性绝对约束市场除了核心区不能自由投资于表层区这一重限制以外,表层区的市场也是完全分割的,彼此之间不能随意投资。这种假设更符合国际资本市场的实际情况,可设想发达国家为核心区,发展中国家为表层区,发展中国家可任意投资于发达国家的证券,而反向投资则会受到诸多约束,并且发展中国家间的相互投资也是受限制的。接着他们分析了这种市场约束对资产定价及最优投资组合的影响。在这种市场中有两种较为重要的投资组合:一是"名义世界组合",由核心区和世界市场组合最接近的那部分证券构成,是两类区域的投资者都可持有的组合;另一种是"衍生世界组合",由世界市场组合中的买空头寸和名义世界组合中的卖空头寸组成,只能由表层区投资者持有。核心区的证券定价同无限制市场中相同,表层区分割市场中的证券定价与两种系统风险有关:分别用这些证券与名义世界组合和衍生世界组合的协方差表示。Errunza 和 Losq 的模型仍需进一步获得实证支持。

(二)动态模型

静态均值—方差模型的假设条件较为严格,Basak(1996)指出这类模型存在两大主要局限:一是未引入跨期消费:静态模型中债券市场仅被用来促进各国间的风险分散,而并非为各国的跨期借贷而存在,但许多存在市场分割的国家举借外债的一个重要目的是为了平滑跨期消费,与之相比促进资产风险分散的目的显得相

对次要。二是利率外生的假定缺乏现实依据：当考虑内部跨期消费后，市场一体化程度会间接影响利率水平。在上述基础上，Basak（1996）构建了资本市场分割条件下的跨期模型（Intertemporal Model），在利率内生及存在跨期消费平滑这一更为现实的分析框架下重新考查了国际分割资本市场中的资产组合选择、定价及投资者福利问题。Bayraktar（2000）在 Basak（1996）模型基础上增加了外汇风险，发展了一个两国两期的均值方差资产定价模型，分析了完全一体化、混合分割及完全分割三种不同市场结构下的国际资产定价问题。以下将对 Basak 和 Bayraktar 模型做一概述。

1. 不含外汇风险的动态模型

Basak（1996）把国际市场结构分为四种，一是完全封闭的市场（I），即各国只交易本国的风险资产，国与国间不能自由借贷。二是股权分割的市场（II），即两国风险证券市场封闭但可以自由借贷。三是混合分割市场（III），即一国风险证券市场开放，而另一国封闭，两国可自由借贷。四是完全一体化的市场（IV），即两国可自由交易风险资产和无风险资产。从 I 到 II，国际债券市场会开放；从 II 到 III，只有一国会开放其证券市场；从 III 到 IV，两国的证券市场都完全开放。Basak 研究了三种不同市场中利率水平、资产定价、内部跨期消费平滑、国际借贷及福利的动态变化，得出了很多和前述静态模型不同的结论。

第一，国际利率水平会因市场一体化而提高。一体化带来的新的风险分散机会将提高有风险的未来消费相对于现期消费的供给，这样各国需要将远期财富平滑至初始水平，由于现期消费品的供给确定，为实现市场出清，利率就必须提高以吸收额外的市场需求。第二，风险资产价格变化不同。静态模型认为当市场从一体化变为混合分割时，非限制性资产价格不受影响，限制性资产的价格将会降低；Basak 认为非限制性资产的价格会升高，限制性资产的价格变化则具有不确定性。第三,对福利的影响不同。静态模型认为国际证券市场的一体化会产生多样化投资收益从而提高福利,而 Basak 的结论是市场一体化可能导致福利降低,消费半滑和国际借贷行为是决定一个国家从一体化中受益或受损的重要因素。当将 Basak 的模型扩展至多国时,均衡利率仍会随市场的开放而提高,消费平滑和福利则因各国不对称的多样化收益而更为复杂。

2. 引入外汇风险的动态模型

为了研究外汇的不确定性对资产定价的影响, Bayraktar (2000)在 Basak(1996)模型基础上增加了外汇风险,发展了一个两国两期的均值方差资产定价模型,分析了完全一体化、混合分割及完全分割三种不同市场结构下的国际资产定价问题。基本假设是资本市场完善,存在两种无风险债券和风险资产,每种国家生产一种产品,产品市场无磨擦,外汇汇率是国外对国内产品的相对价格,债券市场是一体化的,市场结构取决于风险证券市场的分割程度。他们对模型进行实证检验的结论是不论在哪种市场结构中外汇风险都是决定资产价格的重要因素。

他们分别讨论了购买力平价成立情况下两种不同的资产定价。第一种情况是真实汇率下的国际资产定价。在一体化市场中,除了传统模型中的定价要素——证券期望价值、方差以及该证券与市场组合的协方差外,资产定价方程中还需引入另两类定价因素:购买力贴现因子(Discount Factor for Purchasing Power, DFPP)及两种独立购买力债券(Purchasing Power Parity Bond)价格的相关性,因为名义无风险收益率只有经过购买力贴现因子调整后才可成为真实无风险利率。由于一体化市场中市场主体可持有所有风险证券,不需要通过借贷来分散风险,对购买力债券的需求为零,唯一影响资产收益的不可分散化风险是由两种证券真实收益相关性所度量的风险。分割市场和混合分割市场中的模型则

43

更为复杂:首先,国内外主体的边际替代率不等同于无风险收益率,因此它们会直接作为贴现因子进入定价方程。此外,证券交易的限制使市场主体会通过借贷模拟不可分散化的投资机会,由于存在对购买力债券的净需求,定价方程中需要一个与之相关的风险溢价,大小取决于三个因素:市场的差异性、市场主体偏好的差异性、风险证券和购买力债券的相关性。

第二种情况是货币汇率下的国际资产定价。这里增加了两个额外假设:一是国内外商品可理想地相互替代,替代弹性近似于无穷大;二是本国无价格性通胀。这两点假设使以本国消费为基础的通胀率为1,而以国外消费为基础的通胀率仍是随机的。一体化市场的定价方程仍不包括任何与购买力债券相关的风险。混合分割市场中,国外投资者除了持有一体化市场中的本国资产外还持有国外资产的"对冲组合"。在分割市场中,两国投资者都需要通过债券市场来创造对冲组合,国内外市场主体的风险承受力会成为国外名义无风险资产需求的决定因素,而在混合分割市场中只有国外主体的风险承受力是这种需求的重要决定因素。在这两种存在限制的市场中,市场主体都会持有国外名义无风险债券,持有的规模与风险证券市场及市场主体偏好的差异成正比。

通过对比 Basak 模型与 Bayraktar 模型可以看出加入外汇风险对利率水平、资产定价及福利的影响。在利率方面,Basak 认为国际利率水平会因市场一体化而提高;Bayraktar 的研究则显示由于消费平滑效应,国内无风险利率在市场从分割转向混合分割时会下降,当市场从分割转向一体化时,消费平滑效应对利率的影响是不确定的。在资产均衡价格方面,两种模型都认为当市场从一体化转变到混合分割时限制性资产的价格变化是不确定的;至于非限制性资产,Basak 认为价格将会升高,Bayraktar 则认为其变化取决于利率变化。在福利方面,Basak 认为由于存在风险分散和消费平滑,一体化可能会降低福利;Bayraktar 模型中除上述两因素外还考虑了贸易波动对产出冲击的吸收效应,结论是这一效应使投资者认为市场结构的选择无关紧要,因而市场一体化程度对福利并无显著影响。

第三节　金融一体化的宏观效应分析

金融一体化可以促进经济的增长,提高宏观经济的稳定性,这一正效应的实现需要一定的作用机制,此外还取决于一国的内在条件,如金融深化、制度构建、政策的稳定性及贸易一体化程度等,这些条件的欠缺将制约金融一体化对一国的经济产生积极影响,还可能产生负面效应,如加剧经济的波动、诱发金融危机。因此金融一体化的具体效应与其实现机制及各国的现实约束密切相关,以下将从这三个方面展开分析。

一、金融一体化的宏观效应

金融一体化可以促进一国经济的增长,降低宏观经济波动性,大量文献对这一效应进行了实证研究。

(一)金融一体化与经济增长

Kose、Prasad、Rogoff & Wei(2004,2006)认为金融一体化促进经济增长的直接渠道包括:促进资本流动,提高储蓄水平;降低筹资成本,促进投资;产生技术溢出效应,提高劳动生产率;推动国内金融机构的发展,建立竞争机制,提高金融服务质量。间接渠道包括促进专业化分工及提高宏观经济政策的稳定性。但是金融一体化对经济增长的促进作用并未在实证上得到有力支持。他们对14项在该领域的研究进行了统计,其中仅有三项显示金融一体化对经济增长有促进作用,其余研究认为发展中国家的金融一体化对经济增长没有影响或者利弊兼有。他们认为金融一体化的衡量

方法、样本国、时间跨度及测量方法的差异都是导致不同结果的重要原因。

（二）金融一体化与宏观经济稳定性

金融一体化能够通过风险的分散化减少宏观经济的波动性，包括产出的波动和消费的波动，然而实证研究的结论存在较大分歧。部分研究证实了这一观点，Donnell（2001）的实证结论说明OECD国家金融市场一体化程度的提高将会降低产出波动；Bekaert、Havey & Lundblad（2002）认为资本市场的自由化可以降低产出和消费的波动性。一些学者认为两者间并无必然联系，如Razin & Rose（1994）对138个国家1950—1988年的研究显示，金融市场的开放和这些国家产出、消费及投资的波动间的关系并不显著；Buch、Dopke & Pierdzioch对25个OECD国家的研究及Easterly、Islam & Stigltiz等对74个国家1960—1997年数据的研究都得出了类似结论。也有研究认为金融一体化会增加宏观经济的波动性，如Gavin & Hausmann（1996）得出的实证结论是资本流量的波动和产出波动间高度正相关；对于非OECD国家而言较高的金融一体化程度意味着较大的产出波动（O'Donnell，2001）；新兴市场的资本账户开放会加大其产出和消费的波动性（Bekaert，2002）。

二、金融一体化宏观效应的实现渠道

Prasad、Rogoff、Wei & Kose（2004）从理论上分析了金融一体化促进经济增长的机制，如图1-2所示，包括直接渠道和间接渠道，直接渠道包括储蓄的增加、风险的全球配置所降低的资本成本、技术和管理经验的传播和推动国内金融部门的发展，间接渠道包括专业化水平的提高、政策的优化及鼓励政策的信号作用。崔远淼（2006）认为金融一体化对经济增长的促进机制可归纳为两类：投入型增长和效率型增长。前者通过吸引外资缓解国内资金

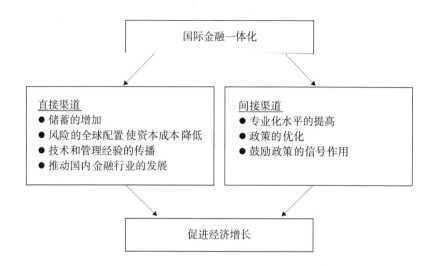

图1-2　金融一体化促进经济增长的渠道

图表来源: Eswa Prasad, Kenneth Rogoff, Shang-Jin Wei and M. Ayhan Kose, "Financial Globalization, Growth and Volatility in Developing Countries", *NBER Working Paper 10942*, 2004, p. 36.

瓶颈;后者通过提高国内经济、金融运行效率促进经济增长。综上所述,这里将从四个方面分析金融一体化促进经济增长的机制,即平衡资本供需、促进国际风险分担、促进技术进步及经济金融环境的优化,第一个方面属于投入型增长机制,后三个方面共同提高了劳动生产率,属于效率型增长机制。

(一)平衡国际资本供需,提高投资和储蓄水平

Prasad、Rogoff、Wei(2004)的研究认为资本的南北流动将提高对资本匮乏地区的投资水平,能有效降低发展中国家的无风险利率,有助于增加国内储蓄。国际资产定价模型也说明金融一体化会提高风险配置水平,风险的分散化会刺激企业更多地投资从而促进经济增长。金融一体化所带来的资金自由流动会提高本国股市的流动性,降低风险溢价和企业的筹资成本;并能够有效平衡国际资本供求的结构性矛盾,从而促进经济增长和福利水平的提高。

（二）促进国际风险分担，平滑跨期消费和投资

金融一体化可使各国居民、企业及国家通过在全球范围内分散风险平滑跨期消费与投资。在衰退期，国家可通过国际借贷避免对国内需求的冲击，在繁荣期可通过还贷避免经济过热。居民和企业也可利用国际金融市场平滑消费与投资。很多学者构建模型计算了国际风险分担所带来的福利效应，根据所选用数据的不同，具体可分为两种方法：

一是消费法（Consumption Based Approach），以消费为研究对象。这类研究将生产视为外生的，研究最优的风险分散如何影响投资者的消费路径，股价会随着风险的分担而变化。其基本假设是有两种不同的环境来配置消费：第一种环境中没有风险分担，国内消费等于国内产出；第二种环境中所有与国内消费波动有关的国家风险都会通过风险共担得以降低。从第一种环境向第二种过渡时，跨国消费的相关性将会增加，所有国家的消费波动都会减少，从而给消费者带来福利。然而不同模型计算的福利结果存在较大差异：Tesar（1995）、Mendoza（1995）、Cole & Obstfeld（1991）认为风险分担所带来的利益很小（低于 0.5%）；而有些学者则计算出了较高的值，尤其是对发展中国家而言，Wincoop（1999）认为 OECD 国家通过风险分担所获得的利益为（以 50 年期恒久消费为基准）1.1%—3.5%，Athanasoulis & Van Wincoop（2000）计算出发展中国家为 6.5%，部分非洲国家则超过 10%（Pallage & Robe，2002），东亚国家平均为 7.61%（刘红忠、郑海青，2007）。根据 Wincoop（1994）的模型，福利收益主要受四大参数影响：禀赋的不确定性、相对风险规避的比率、经风险调整的增长率、潜在无风险收益率。无风险收益率的降低及消费波动的加大都会增加收益，风险规避系数的降低则会减少收益。有些研究中无风险收益率较高（Cole & Obstfeld，1991），有的研究则因对消费序列平稳性的假设而降低了消费的波动性（Tesar & Mendoza，1995），这都会导致相对较低的福利收益。

二是资产法(Equity Based Approach),以股票收益为研究对象。这类方法在风险最小化、回报最大化的基础上构建国内外证券的投资组合,同时研究国内组合是否由这些组合决定。Lweis(2000)认为投资者的效用取决于他所面临的风险和收益的权衡,在此基础上建立了资产法的福利方程;Mercereau(2006)根据这一方程计算了亚洲各国的福利水平,结论是这些国家都从金融一体化中获得了显著收益。

(三)促进技术进步,提高生产效率

金融一体化可以通过两个方面提高生产效率。一是推动技术进步,金融一体化会提高国际直接投资水平,带来技术溢出效应。刘庆生(2005)认为这里的技术不仅包括生产、加工等硬技术,还包括生产的组织、管理技能等软技术,通过跨国公司直接的技术效应和间接的溢出效应推动东道国的技术进步;对于投资国而言向技术资源丰富的国家投资可以更好地利用当地技术优势,把握最新的技术动态。二是提高分工水平。Eswar 等(2004)指出高度的专业化分工在促进经济增长的同时也会带来产出的波动,金融一体化的风险分担效应可以平滑这种波动,促进专业化分工,推动经济增长。

(四)促进经济金融环境的优化

金融一体化可以促进金融体系的发展及宏观政策的完善,从而改善一国的经济金融环境。Eswar、Kenneth、Shang-Jin、M. Ayhan(2004)对这类文献进行了较为详细的综述。首先,金融一体化促进了金融机构的发展。Levine(1996)、Caprio and Honohan(1999)认为金融一体化可以提高国内银行外资股权的比重,由此带来诸多收益:可使国内银行更易于进入国际资本市场,与外资银行的竞争可提高国内金融机构的服务水平;外资银行所带来的新兴金融工具和技术也可以提高本国市场的技术水平。Bailiu(2000)&

Klein(2006)的研究表明在一体化的经济体中,资本账户开放国家的金融机构比资本管制国有更好的发展。其次,金融一体化也会促进证券市场的发展。Levine & Zervos(1998)研究表明权益市场的自由化可提高股票市场的流动性;Karolyi(2004)发现新兴市场存托凭证的增长可以促进当地股市的发展;Chinn & Ito(2005)则认为当一国法律和制度的发展达到一定程度后,金融开放度会促进股权市场的发展,欠发展国家因为制度的局限可能不会获得相应收益。

(五)提高政府政策的可信度

金融一体化还可以通过影响政府政策的可信度提高经济体生产力。具体而言金融一体化的约束效应可以改变一国投资动态,使投资者根据宏观经济政策变化重新优化资本配置。Gourinchas和Jeanne(2003)认为政府有时对实物资本实施的"掠夺税"将影响投资、削减增长,在金融国际化条件下负面影响则更大,而金融一体化可以限制政府的这类行为。Obstfeld(1998)亦认为资本的跨境流动会使一个国家构建起更为规范的宏观经济制度,减少政策失误。

三、金融市场一体化宏观效应的实现条件

从金融一体化的作用机制来看,金融一体化可以通过平衡资本供需、平滑跨期消费、分散投资风险、促进国内的金融深化来促进经济增长、提高宏观经济的稳定性,然而实证研究表明有些国家的金融一体化并未有效促进经济增长,很多国家在一体化过程中出现了经济的剧烈波动,这说明金融一体化促进经济发展具有门槛效应,即只有具备一定条件的上述促进机制才会发挥作用。M. Ayhan、Eswar、Kenneth & Shang-Jin(2006)对相关文献进行了分析,认为这些实现条件主要包括①:

①　Kose M. Ayhan, Prasad Eswar, Rogoff Kenneth, and Wei Shang-Jin, "Financial Globalization: A Reappraisal", *IMF Working Paper*, 2006, pp. 43−49.

（一）金融行业的发展水平

Alfaro，Chanda，Kalemli-Ozcan & Sayek（2004）、Durham（2004）发现在金融行业较为发达的国家，FDI 对经济增长的促进作用较为明显。金融行业对于加强宏观经济的稳定性也有积极的作用，发达的金融市场可以通过提供更多的多样化选择降低宏观经济的波动。Ishii 等（2002）证明金融体系更为先进的国家在资本账户开放后有更强的应对金融危机的能力。Aghion & Banerjee（2005）认为对于那些金融体系欠发达的国家，外资的流向会对国内的经济波动起到推波助澜的作用。同时欠发达的金融体系还会放大金融自由化所带来的金融风险：Mishkin（2006）认为 1994 年墨西哥及 1997 年东亚金融危机与国内银行在自由化过程中的过度风险承担密切相关。

（二）制度环境和管理水平

制度环境会影响国际资本流动的数量和结构。Klein（2005）研究发现制度环境较佳的国家资本账户开放对经济增长有积极作用，从金融开放中获利最多的是那些人均收入中等偏上、制度体系较为合理的国家。Wei（2000）、Gelos & Wei（2005）的研究均说明制度和管理水平对 FDI 及证券流入有显著影响。除了总量外，制度及管理水平还会影响国际资本的结构。为了说明这一问题，M. Ayhan、Eswar、Kenneth & Shang-Jin（2006）将制度划分为两种类型：一是产权制度，包括对征用风险的控制、司法的独立性以及政府的透明度等；二是金融制度，包括股市及银行业的发展水平、信贷价值及信贷风险等级。他们认为这一区分在研究制度类型对国际资本类型影响时十分有意义：Hausmann 等（2000）将两者混合起来进行研究，并未得出制度和 FDI 占总流入资本比例的明确关系；Ju & Wei（2006）将两者进行区分，提供了研究这类问题的基本分析框架：金融制度欠发达的国家将会同时面临大规模 FDI 流入和国内金融资本流出，这是因为跨国公司无法依靠本地低效率的金

融体系,便会更多利用当地较低的劳动力成本和较高的获利机会;而在产权制度较薄弱的国家国内外企业的获利空间都会减少,在国内储蓄外流的同时不会有补偿性的 FDI 流入。

(三)宏观经济政策的稳定性

宏观经济政策的稳定性关系到一国对外安排的一致性,不稳定的政策会加大外资的波动性,从而对国内经济造成冲击。Ishii(2002)分析了宏观经济的稳定性对资本账户开放的国家防范金融危机的意义。Mody & Murshid(2005)研究了经济政策如何影响金融资本流动和国内投资增长间的关系,结论是对于宏观经济较为理想的国家两者存在正相关性。Arteta 等(2003)研究了较差的宏观政策是否会阻碍经济增长的问题,他们认为资本账户自由化的效果会随着法规而变化,证据说明实现金融开放对一国经济增长的促进作用需要门槛条件。在一些国家,有管制的汇率制度会和其他经济政策相矛盾,只有当引起这种矛盾的宏观经济失衡消除后才会发挥金融开放对经济增长的积极带动作用。可见宏观经济政策的优化程度是影响金融一体化能否促进经济增长的重要因素。

(四)贸易开放度

贸易一体化可以降低金融危机发生的可能性。Calvo,Izquierdo & Mejia(2004)发现外贸开放可降低一个国家对于金融危机的脆弱性。Frankel、Cavallo(2004)& Cavallo 的研究也得出了类似结论。Edwards(2005)也发现外贸开放度每降低 30%,经常账户的不利变化对经济增长的负面影响将增加 1.2%。Martin & Rey(2006)构建模型说明了外贸一体化对经济增长有正向作用,而金融一体化会增加金融危机发生的可能性。早期的很多模型也说明商品和资产国际交易的成本会加大发展中国家对金融危机的脆弱性,因此在开放金融市场之前应先取消对国际贸易的各种限制。可见贸易一体化对金融一体化的效应有着一定程度的影响。

本章小结

　　本章对金融一体化的度量方法及其微观、宏观效应进行了理论分析。

　　首先分析了金融一体化的度量方法。包括限制法、数量法、利率平价法、消费相关法及资产价格法。限制法和数量法都是通过跨境资本流动度量金融一体化。利率平价法则通过利率差异进行分析,具体包括抵补的利率平价法、未抵补的利率平价法及实际利率平价法。抵补利率平价法的成立要求国家溢价风险为零,未抵补的利率平价的成立除了要求国家溢价风险为零外,还要求汇率风险溢价为零;实际利率平价的成立则要求金融资本和非金融资本的完全自由流动。消费相关法从分析跨国消费的相关性、对比本国消费与本国及世界产出的相关性判断一个经济体的金融一体化程度。国际资产定价法则通过检验风险溢价的构成来衡量:分割市场的风险溢价完全由国内因素决定,完全一体化市场的风险溢价则全由国际因素决定,界于两者之间的市场风险溢价由国内、国际因素共同决定。前四种方法主要从宏观的资本流动、利率关联、消费及产出的相关性等角度测度金融一体化,最后一种方法是从金融资产价格这一微观角度进行度量。

　　其次分析了金融一体化的微观效应。金融一体化的微观效应主要包括在日趋一体化的金融市场中国际资产组合的构成及定价,以及这些投资组合的变化如何影响微观主体福利,包括投资者的投资多样化收益及消费者的消费平滑收益。研究微观效应的主要方法是构建国际资产定价模型,在不同的金融一体化市场条件下分析国际资产组合的结构、价格决定、影响因素以及市场主体福利。包括完全一体化和部分一体化市场中的资产定价模型,两种

模型都包括动态和静态。完全一体化市场的资产定价以 CAPM 模型为基础,静态模型仅考虑单期投资,可分为单因素模型和双因素模型,单因素模型仅考虑市场风险,双因素模型在市场风险溢价的基础上加入了外汇风险溢价。动态模型将跨期对冲纳入分析框架,综合考虑市场风险、外汇风险及跨期对冲等因素对资产定价的影响。国际金融市场障碍会影响投资者的资产选择及资产的均衡价格,使不同国家的投资者有不同的投资机会,很多学者构建理论模型研究了非完善市场的定价问题。其中静态模型的基本特点是假设没有跨时消费,可分为两国和多国模型:两国模型的分析框架为一国资本市场管制而另一国完全开放,这种限制包括税收限制、股权限制及单边市场限制;多国模型在多国框架中发展了"混合分割"的市场结构。动态定价模型引入跨期性消费并假设利率是内生的,在金融一体化对利率水平、风险资产价格及微观主体福利的影响方面得出了很多和静态模型不同的结论。

　　再次分析了金融一体化的宏观效应。包括金融一体化对宏观经济增长和经济稳定性的影响及这种影响的实现机制和条件。从理论上讲金融一体化可以促进经济增长、降低宏观经济波动,但实证研究结论则存在较大分歧。金融一体化积极的宏观效应是通过平衡国际资本供需、促进国际风险分担、平滑跨期消费和投资、促进技术进步和经济金融环境的优化、提高政府政策的可信度来实现的。上述促进机制需要一些条件才能发挥作用,这些约束条件包括金融行业的发展水平、制度环境和管理水平、宏观经济政策的稳定性和贸易开放度。当上述条件达到一定的门槛水平后,金融一体化才会通过各类渠道推动经济的增长,平抑经济的波动。

第二章 东亚金融一体化度量：
利率平价视角

在一个日趋一体化的市场中,商品和金融市场的套利行为使各国的利率联系日趋紧密,因此对各种利率平价机制成立与否的检验即成为衡量金融一体化程度的重要标准,具体包括抵补的利率平价法(CIP)、未抵补的利率平价法(UIP)及实际利率平价法(RIP),三类利率平价可衡量不同程度的一体化。对抵补利率平价的偏离意味着金融市场存在一体化障碍,如资本管制、交易成本等。非抵补利率平价的成立条件比抵补利率平价更为严格,汇率制度变化及交易者的非理性行为所导致的"风险溢价"也会导致对非抵补利率平价的偏离。实际利率平价成立的前提条件则是要求金融资本和非金融资本的完全自由流动,即非抵补利率平价和相对购买力平价的成立,所代表的金融一体化程度最高。本章将运用非抵补利率平价和实际利率平价理论度量东亚金融一体化。

第一节 基于非抵补利率平价的分析

非抵补的利率平价认为两个市场的利率差异等于预期的汇率

升（贬）值率。其成立建立在两国货币和外汇市场自由套利的基础上，能够有效反映金融市场的政治溢价和风险溢价，可以较为客观地衡量金融市场一体化。本节将结合东亚经济体金融自由化程度的差异，构建计量模型系统研究东亚各国（地区）与美国非抵补利率平价的长、短期成立条件、长期均衡水平、动态调整速度及波动性，在此基础上分析东亚对外金融一体化及其动态变化。

一、国内外文献综述

由于信息的滞后和交易成本的存在，严格意义上的非抵补利率平价是不成立的，两国利率差异与预期汇率升（贬）值率间必然会存在一定的偏离（用 UIP 来表示），这种偏离的大小、收敛性、随机性及波动性代表了利率平价的成立条件。现将现有文献对这类问题的研究归纳如下：

一是通过 UIP 序列的收敛性检验长期利率平价。主要分析方法是单位根检验法：即将 UIP 序列看成是一个自相关的随机过程，通过对其平稳性的判断来分析平价是否成立。因为平稳时间序列具有受到外在冲击后向其均衡价值回归的性质，如果 UIP 序列平稳则说明两国利率差和预期外汇贬值率的偏离是暂时的，终究会向一个稳定的均衡水平回归，非抵补利率平价成立，反之则说明外在扰动将使二者永久偏离均衡状态，非抵补利率平价不成立。Cheyng，Chinn & Fujii（2003）用这一方法研究了中华经济区的非抵补利率平价机制，结论是该平价长期内成立。

二是通过 UIP 序列的随机性检验瞬时利率平价。如果非抵补利率平价在每个时点上都成立，则每期的 UIP 值应是随机的，是不可预测的，因此可通过 UIP 序列的自回归模型来评估瞬时利率平价的成立状况，若模型拟合度高，自回归系数显著则说明本期对非抵补利率平价的偏离可被前期信息预期，则瞬时非抵补利率平价不成立。Cheyng,Chinn & Fujii(2003)的研究显示中华经济区的瞬时非抵补利率平价成立条件与区内经济体的金融开放度相吻合,资本管制较严的经济体自回归系数较显著,瞬时 UIP 平价也难以成立。

三是通过 UIP 序列的长期均衡值及向该均衡的收敛速度研究利率平价的动态调整过程。UIP 的长期均衡水平反映了套利的成本,系统向长期均衡的调整速度反映了套利的时间,套利成本越低、时间越短说明利率平价的成立机制越理想,金融市场一体化程度也越高。长期均衡值和调整速度是通过 AR(p)模型的自相关系数来计算的。部分学者曾用这一方法研究利率平价受到外部扰动后的动态调整:Kate(1997)的研究认为金融危机之后东亚经济体利率平价的调整速度快于危机前;Ahmad、Chan、Stilianos(2005)的结论表明亚洲国家利率向长期均衡的调整速度较快,约 6 至 7 个月就可完成一半调整;Alex、Miguel(2007)的研究则显示新兴市场的调整时间短于发达国家的金融市场。

四是通过 UIP 序列的方差分解研究非抵补利率平价的波动性及波动成因,包括 VAR 向量系统的方差分解法和基本方差公式分解法。郭灿(2003)用向量自回归系统的方差分解法研究显示大多数东亚国家国内利率的新息中国内因素仍占主导;Cheyng,Chinn & Fujii(2003)运用基本方差公式对中华经济区的研究则表明汇率制度的差别造成了汇率波动的差异,从而影响着 UIP 方差的大小和结构,相对于中国台湾的浮动汇率制度,中国香港的货币局制度降低了中国香港—中国大陆的 UIP 方差及汇率在 UIP 方差中所占比例。

上述文献从不同角度对部分国家(地区)的非抵补利率平价进行了分析,然而用这一方法研究东亚金融一体化的文献并不多见,并且东亚经济体金融自由化的差异较大,处于一个动态开放的市场环境中。本节将在这一背景下研究东亚经济体与美国非抵补利率平价的成立条件、偏离水平、动态调整及波动性，以对东亚地区对外金融一体化作出客观的、系统的分析。

二、非抵补利率平价模型及修正

（一）不同金融自由化条件下非抵补利率平价的形成机制

$$i_t^d - i_t^f = \frac{s_t^e - s_{t-1}}{s_{t-1}} \qquad (2-1)$$

非抵补利率平价的基本公式如式 2-1 所示，其中 i_t^d、i_t^f 分别表示本国、外国第 t 期的名义利率，s_t^e 为预期的 t 期外汇汇率，s_{t-1} 为实际的 t-1 期外汇汇率，均用单位外币的本币价格表示。非抵补利率平价的传导机制会因金融自由化程度的差异而有所不同，这种金融自由化条件取决于一国的资本管制、利率管制及外汇管制程度（刘兴华，2002）。

在三种管制都不存在的市场化条件下，当本国名义利率高于国外名义利率时会吸引大量资本流入，使本币即期汇率升值，为规避外汇风险，套利者会在远期外汇市场抛出本币，使预期的远期汇率贬值，同时资本的流入会造成本国资金的相对充裕和国外资金的相对紧张，使本国利率下降和国外利率上扬，两国利差的逐渐缩小和本币预期贬值率的提高共同促使市场达到新的平衡：当两国利率差等于本币的预期贬值率时套利停止，利率平价实现。当资本账户开放，外汇汇率浮动，仅存在利率管制时，在上述情况下，资本的流入不会使本币名义利率下降，两国的利率平价主要是通过本币预期贬值率的变化来实现。当资本账户开放，利率市场化，仅存在汇率管制时，预期贬值率为零或一常数，利率平价主要通过名义利差的调整来实现：当本国利率提高引起资本流入时，面对本币即期升值的压力，中央银行会抛售本币，收购外币，造成本国资金供给的相对充裕，从而名义利率下降，直至与国外利率水平持平，此时套利结束，利率平价实现。当资本账户开放，利率和汇率管制

58

都存在时,中央银行一方面增加本币供给以应对资本流入所导致的升值压力,另一方面根据市场形势调低名义利率来维持利率平价。当资本账户完全管制时,套利资本无法流动,利率平价难以成立,当资本账户部分管制时,套利资本流动较慢,利率平价的形成时间较长。综上,在完全市场化条件下汇率—利率的联动主要靠市场自发调节实现,而当存在一种或多种管制时则更多靠货币当局的干预达到平衡。

(二)偏离非抵补利率平价的成因分析

在现实金融市场上,如式 2-1 所示的非抵补利率平价很难严格成立,总会存在着或多或少的偏离,因此应对利率平价进行修正,如式 2-2 所示①:

$$uip = i_t^d - i_t^f = \frac{s_t^e - s_{t-1}}{s_{t-1}} + A + S + \delta \qquad (2-2)$$

修正后的利率平价公式描述了造成这种偏离的几类因素:第一,交易成本,用 A 表示。国际资本的流动并非无磨擦的,存在如手续费、通讯费等交易成本,这种成本在任何国家的市场上都是存在的。第二,制度成本,用 S 表示。理想的非抵补利率平价机制建立在资本自由流动、利率市场化、汇率自由浮动的基础上,对上述三方面的任何管制都会影响利率平价的传导途径,使在市场机制下自发形成的利率平价变成人为干预下的平衡机制,制度成本随着金融自由化程度的提高而降低。第三,风险溢价,用 δ 表示。非抵补的利率平价假设本币和外币资产是完全替代的,但实际上外币资产存在着一定的外汇风险,因此投资者要求一定的“风险溢价”作为补偿,这一溢价随着外币资产持有量及汇率波动的增加而加大。当一个国家净外币资产(负债)数额较大时,风险溢价就成为决定利率平价偏离度的一个重要因素。上述三类因素都会增

59

---

①　薛宏立:《浅析利率平价模型在中国的演变》,《财经研究》2002 年第 2 期,第 15 页。

加套利成本,当资本内流时,A 和 S 为正,当资本外流时,A 和 S 为负。当本国为债权国时,δ 为负,当本国为债务国时 δ 为正(薛宏立,2006)。

三、实证分析方法及数据说明

(一)实证分析方法

本节将结合东亚经济体金融自由化的动态进程,对东亚各国在金融危机前后的金融自由化程度进行评估,然后系统分析东亚经济体与美国非抵补利率平价的成立条件、均衡水平、动态调整及波动性,在此基础上研究东亚对外金融一体化程度。非抵补利率平价的成立机制越理想,对外金融一体化程度就越高,主要的衡量要素有:一是 UIP 序列的收敛性,这是长期利率平价成立的基本条件;二是 UIP 序列的随机性,这是瞬时利率平价成立的基本条件;三是 UIP 长期均衡值的大小,反映了对利率平价的长期偏离度;四是 UIP 向长期均衡的调整速度,反映了利率平价机制的灵敏度;五是 UIP 序列的方差,反映了实现利率平价的不确定性,即系统风险。具体计量方法如下①:

1. 长期利率平价分析

$$uip_t = (i_t^d - i_t^f) - (\ln s_t - \ln s_{t-1}) \qquad (2\text{-}3)$$

在实证研究中,常采用式 2-3 的形式来检验非抵补利率平价,即用以对数形式表示的第 t 期、t-1 期实际外汇汇率之差来近似表示预期的外汇汇率波动,UIP_t 表示第 t 期对非抵补利率平价的偏离。这里采用"均值平稳"的概念来研究长期利率平价条件(Yin、Menzie、Eiji,2003)。即只要对利率平价的偏离是暂时的,这种偏离最终会被修复并使系统回到长期均衡水平,我们就可以认

① 实证研究中对长期利率平价、瞬时利率平价及方差分解的分析(公式 2-3、2-4、2-8)采用了 Yin、Menzie、Eiji(2003)的方法,对长期均衡水平及动态调整速度的计算(公式 2-5、2-6、2-7)参见 Kate(1997)及 Ahmad、Chan & Stilianos(2005)。

为非抵补利率平价在长期内成立;如果外界扰动会造成系统对长期均衡的永久性偏离则利率平价不成立。由于平稳时间序列具有向均值回归的特性,这样对长期利率平价的检验就转化为研究 UIP 序列的平稳性问题,这里将用 ADF 单位根检验法对 UIP 序列的平稳性进行判断。

2. 瞬时利率平价分析

$$uip_t = \alpha_0 + \sum_{k=1}^{p} \alpha_k uip_{t-k} + \varepsilon_t \tag{2-4}$$

可将 UIP 序列表示成 2-4 式所示高阶自相关性随机过程,当瞬时非抵补利率平价成立时,每个时点对利率平价的偏离都是随机的,是不可预测的,若上述模型的自回归系数较显著、模型拟合度较高则说明本期的 UIP 值可通过前期信息预测出来,瞬时非抵补利率平价不成立。

3. 利率平价的长期均衡水平及动态调整分析

如 2-4 式所示的高阶自相关 UIP 序列长期均衡水平为:

$$e = \alpha_0 \Big/ \Big(1 - \sum_{k=1}^{p} \alpha_k\Big) \tag{2-5}$$

当受到外界扰动时向均衡水平的调整速度为:

$$d = 1 - \sum_{k=1}^{p} \alpha_k \tag{2-6}$$

完成一半调整所需要的时间为:

$$t = \ln(0.5)/\ln(1-d) \tag{2-7}$$

长期均衡水平的绝对值越低,对利率平价的偏离就越小,受到外界扰动时向均衡调整的速度越快,完成调整所需要的时间越短,利率平价的实现就越快。

4. 利率平价的方差分解及波动性分析

$$\operatorname{var}(uip_t) = \operatorname{var}(i_t^d - i_t^f) + \operatorname{var}(\ln s_t - \ln s_{t-1}) - 2\operatorname{cov}(i_t^d - i_t^f, \ln s_t - \ln s_{t-1}) \tag{2-8}$$

如式 2-8 所示,UIP 的方差由两国利率差异的方差、外汇汇率

变动率的方差及二者的协方差组成,方差越小利率平价系统就越稳定。计算利率和汇率占 UIP 方差的百分比可进一步分析 UIP 波动的主要成因。

(二)数据说明

样本中所包括的国家和地区为:东盟五国(印度尼西亚、菲律宾、马来西亚、泰国、新加坡)、中国大陆、中国香港、韩国,以及作为利率平价参照国的美国。名义利率和外汇汇率均为月度数据,名义利率取受行政干预较少的货币市场利率,中国大陆的货币市场利率取人民银行对金融机构 20 天的短期贷款利率。外汇汇率取各经济体单位美元的本币价格。由于亚洲金融危机期间多数国家的利率呈现异常波动,因此应将 1997 年 4 月—1998 年 12 月这一阶段剔除(Jeon & Oh,2006)。整个研究期间可划分为两个阶段,第一阶段从 1990 年 1 月至 1997 年 3 月,用 I 表示,第二阶段从 1999 年 1 月至 2006 年 5 月,用 II 表示①。所用数据均来自于国际货币基金组织的国际金融统计(International Financial Statistics,IFS)数据库,以下简称 IMF 的 IFS 数据库。

(三)东亚经济体的金融自由化程度评估

表 2-1 从资本账户开放、汇率管制、利率管制等方面评估了东亚经济体的金融自由化程度。汇率和利率管制均可分为完全管制、部分管制和完全放开三种程度,得分为 1—3 分②。从汇率制度来看,第一阶段日本和菲律宾的汇率独立浮动,可得 3 分;韩国、新加坡、印尼、马来西亚都是管理浮动制,可得 2 分;中国香港和泰国均为固定汇制,得 1 分;我国 1994 年—2005 年为管理浮动汇制,两阶段都可视为部分管制,得 2 分。金融危机之后日本、新加坡、菲律宾、中国香港维持了原有汇率制度,马来西亚由管理浮动转向

---

① 由于数据的局限,部分国家或地区的数据起始时间较晚,中国内地的起始时间为 1993 年 3 月,中国香港为 1993 年 1 月。

② 东亚国家(地区)汇率、利率及资本管制程度见表 0-1 至表 0-3。

固定汇制,韩国和印尼则转为单独浮动的汇率制度。从利率市场化进程看,日本于 1994 年 10 月、韩国于 1995 年 11 月、印尼于 1993 年年底基本放开利率管制,中国香港于 1995 年 11 月放开所有 7 天以上定期存款利率,2001 年完成利率市场化进程,这些国家(地区)危机前为部分管制(2 分),危机后可视为自由化时期(3 分);泰国于 1992 年、菲律宾于 20 世纪 80 年代、马来西亚于 1991 年取消利率管制,这三个国家两阶段都可看成处于利率市场化阶段(3 分);我国于 1992—1997 年放开银行同业拆借利率、债券回购利率及现券交易利率,2004 年 10 月放开了贷款利率上限,允许存款利率下浮,相对于其他经济体而言,危机前为较严格管制(1 分),危机后为部分管制(2 分)。

表 2-1 东亚经济体金融自由化程度评估

	日本		韩国		新加坡		印尼		马来西亚		泰国		菲律宾		中国大陆		中国香港	
	Ⅰ	Ⅱ	Ⅰ	Ⅱ	Ⅰ	Ⅱ	Ⅰ	Ⅱ	Ⅰ	Ⅱ	Ⅰ	Ⅱ	Ⅰ	Ⅱ	Ⅰ	Ⅱ	Ⅰ	Ⅱ
资本账户管制	4	4	2	3	4	4	3	3	3	3	3	3	3	3	1	2	4	4
汇率管制	3	3	2	3	3	2	2	2	2	2	3	1	3	3	2	2	1	1
利率管制	2	3	2	3	2	3	2	3	3	3	3	3	3	3	1	2	2	3
金融自由度(合计)	9	10	6	9	9	9	7	8	8	8	9	7	9	9	4	6	7	8

从资本账户的开放的角度可分为管制、部分管制、开放、高度开放四个层次,得分为 1—4 分,日本于 1980 年、新加坡于 1978 年、中国香港于 1972 年放开资本管制,且对资本账户交易的限制低于 5 项①,三者资本账户开放度最高,为 4 分;印尼于 1971 年、泰

---

① 资料来源:IMF. Annual Report on Exchange Rate Arrangement and Capital Account,2003,转引自祝小兵:《东亚金融合作:可行性、路径与中国的战略》,上海财经大学出版社 2006 年版,第 153 页,

国于 1990 年、菲律宾于 1987 年后资本的流动都相当自由,韩国从 1989—1998 年逐步放开了资本管制,这些国家对资本账户交易的限制都有十余项,可得 3 分,韩国危机前管制更严,可得 2 分。我国于 1996 年 12 月实现人民币经常项目可兑换,2003 年资本账户自由化进程开始加快,但仍存在较多限制,因此危机前为 1 分,危机后为 2 分。从表 1 可以看出,除新加坡和菲律宾基本维持原有开放水平外,在金融危机之后东亚其他国家(地区)的金融自由化程度都有所提高。

四、实证分析结果

(一)长期利率平价条件分析

式 2-3 所示的 UIP 序列单位根检验见表 2-2,可以看出在第一阶段,我国由于较严格的利率、汇率及资本管制,UIP 序列不平稳,其余国家(地区)的 UIP 序列均平稳。第二阶段,我国和马来西亚的 UIP 序列在 10% 的显著水平上拒绝了存在单位根的原假设,为弱平稳,其余均为平稳时间序列。可见从"均值平稳"的角度分析,亚洲金融危机前后大多东亚经济体与美国的非抵补利率平价都成立。

表 2-2　东亚经济体 UIP 序列的单位根检验①

		日本	韩国	新加坡	印尼	马来西亚	泰国	菲律宾	中国大陆	中国香港
I	检验形式	(c,t,0)	(c,0,0)	(c,t,0)	(c,0,0)	(c,0,2)	(c,0,0)	(c,0,1)	(0,0,4)	(c,t,0)
	ADF	-6.542***	-2.931**	-3.468**	-3.723***	-2.590**	-5.159***	-4.300***	-0.092	-8.152***
II	检验形式	(c,0,2)	(0,0,2)	(c,t,1)	(c,0,6)	(0,0,7)	(c,t,2)	(c,0,3)	(0,0,9)	(0,0,2)
	ADF	-2.702**	-2.495**	-4.534***	-3.642***	-2.438*	-3.068**	-4.170***	-1.919*	-2.497**

---

① 　***、**、*分别表示在 1%、5%、10% 的显著水平下拒绝原假设,下同。

（二）瞬时利率平价条件分析

表2-3　东亚经济体 UIP 序列的自回归模型

		日本	韩国	新加坡	印尼	马来西亚	泰国	菲律宾	中国大陆	中国香港
I	α_1	0.359***	0.821***	0.364***	0.728***	0.411***	0.520***	0.178*	/	−0.155
	α_2	0.207*		0.004		0.200*		0.269**	/	0.227
	α_3	0.199*		0.367***		0.202*			/	
	调整后的决定系数	0.416	0.679	0.324	0.536	0.598	0.263	0.132	/	0.085
	LM	0.067	0.814	1.868	0.214	0.095	0.692	0.326	/	0.451
	金融自由度	9	6	9	7	8	7	9	4	7
II	α_1	0.205**	0.290**	0.316***	0.422***	0.621***	0.269**	0.206**	0.680***	0.297***
	α_2	0.186*	0.086	0.324***	0.229**	0.297**	0.327***	0.180*	0.260**	0.094
	α_3	0.284**	0.213**					0.207*		0.361***
	α_4							−0.226**		
	调整后的决定系数	0.254	0.173	0.319	0.387	0.894	0.223	0.116	0.837	0.430
	LM	0.163	0.200	0.109	1.847	2.901	0.861	0.587	1.216	1.344
	金融自由度	10	9	9	9	7	9	9	6	8

65

根据公式2-4，表2-3中列出了 UIP 序列平稳的东亚国家（地区）的自回归模型，LM 统计量均不显著，说明每个模型都不存在序列相关，从调整后的决定系数可以看出，除第一阶段的中国香港外，东亚经济体在金融危机前后瞬时非抵补利率平价都不成立，因为各 UIP 序列都存在显著的自相关系数，金融自由化程度较高的国家自回归模型的决定系数也较低：第一阶段金融自由度为9分的经济体本期 UIP 对上期的解释度为41.6%—13.2%，平均为29.07%；金融自由度8分以下的经济体为59.8—8.5%，平均43.22%；在第二阶段差别更为明显，金融自由化程度相对较低的马来西亚和中国大陆决定系数较高，上期偏离对本期的解释度高

达80%以上,金融自由度在9分以上的国家(地区)中,上期 UIP 值对本期的解释度为11.6%—38.7%,平均24.53%。通过两阶段的对比可以看出,除香港外,自由化程度提高的所有经济体第二阶段自回归模型的决定系数都低于第一阶段。

(三)利率平价的长期均衡水平及动态调整分析

表2-4　东亚经济体 UIP 序列的长期均衡水平及动态调整分析

		日本	韩国	新加坡	印尼	马来西亚	泰国	菲律宾	中国大陆	中国香港
I	均衡水平	-0.01	0.084	-0.010	0.073	0.023	0.044	0.092	/	0.003
	调整速度	0.234	0.179	0.265	0.272	0.187	0.48	0.553	/	0.929
	调整时间(月)	2.597	3.514	2.249	2.182	3.339	1.060	0.862	/	0.263
	海外净资产 (10亿美元/月)	42.497	-2.851	47.874	14.608	20.402	25.362	1.075	14.679	15.642
	金融自由度	9	6	9	7	8	7	9	4	7
II	均衡水平	-0.028	0.015	-0.003	0.072	-0.008	-0.011	0.048	-0.038	-0.002
	调整速度	0.325	0.412	0.640	0.349	0.082	0.404	0.632	0.06	0.249
	调整时间(月)	1.765	1.305	1.550	1.614	8.101	1.340	0.693	11.202	0.595
	海外净资产 (10亿美元/月)	222.073	-2.735	87.400	20.172	42.818	32.495	9.424	296.930	142.844
	金融自由度	10	9	9	9	7	9	9	6	8

UIP 序列的长期均衡值由交易成本,制度成本及风险溢价综合决定,影响风险溢价水平的对外净资产(月度平均值)见表2-4①。第一阶段,除日本、新加坡外,东亚经济体的长期均衡水平都为正值,其原因是由于对资本账户、汇率及外汇的管制增加了套利者资本内流动的成本,并且在金融危机前各经济体对外的净债权较低,风险溢价水平也较低,不足以抵消资本内流的交易成本和制度成本;新加坡、日本的长期均衡为负值,因为其海外美元净资产数额相对较大,负溢价也较大,加之较高的金融自由化程度减少了套利成本,二者相抵后为负值。第二阶段,东亚经济体海外美元

---

① 对外净资产由作者根据 IMF 的 IFS 统计数据计算。

净资产都显著增加,形成了较高的负溢价水平,金融自由化进程的加快又进一步降低了套利成本,大多数国家(地区)的 UIP 长期均衡变为负值,平均月度海外净资产最高的中国大陆和日本负值也最大,只有海外净资产相对较低的韩国、菲律宾、印尼的长期均衡为正值,且所有经济体 UIP 均衡的绝对值都低于第一阶段,说明东亚经济体对非抵补利率平价偏离水平有所降低。

从表2-4也可看出金融危机前各经济体的金融自由化差异对其动态调整影响不大,金融自由度9分以上的经济体每月纠正上期偏离平均幅度为35.07%,低于金融自由度在8分以下的经济体平均45.6%的调整水平;金融危机之后金融自由度则与利率平价的调整速度保持着一定的正相关性,9分以上的国家平均调整幅度为46.03%,完成一半调整平均1.37个月,8分以下的国家平均为13.03%,完成一半调整平均需6.63个月。从各经济体在两个不同阶段的纵向对比可以看出,泰国和中国香港在危机后基本保持了前期的调整水平,我国的管制相对较严,第一阶段 UIP 序列不平稳,无法向均衡收敛,第二阶段收敛但速度较慢,每期的纠偏幅度仅为6%。马来西亚由于危机后金融管制的加强降低了调整速度,其他国家在危机后 UIP 的纠偏速度都有所提高,表现为每期调整幅度的增加和完成一半调整所需时间的减少。

(四)利率平价的方差分解及波动性分析

表2-5 东亚经济体 UIP 序列的方差分解

		日本	韩国	新加坡	印尼	马来西亚	泰国	菲律宾	中国大陆	中国香港
I	UIP 方差	0.0010	0.0006	0.0003	0.0008	0.0006	0.0007	0.00033	0.0022	0.00003
	利率波动占比(%)	32.05	90.79	37.86	99.53	74.34	84.91	73.79	14.82	55.37
	汇率波动占比(%)	51.15	11.24	46.51	1.78	26.24	4.90	15.56	91.95	37.38
	金融自由度	9	6	9	7	8	7	9	4	7

续表

II		日本	韩国	新加坡	印尼	马来西亚	泰国	菲律宾	中国大陆	中国香港
	UIP 方差	0.0020	0.0008	0.0003	0.0087	0.0003	0.0008	0.0005	0.0003	0.0001
	利率波动占比(%)	27.86	24.58	37.47	58.59	98.05	31.53	32.15	87.53	82.88
	汇率波动占比(%)	63.98	67.41	48.96	32.50	4.11	50.54	67.60	4.18	11.56
	金融自由度	10	9	9	9	7	9	9	6	8

　　根据式 2-8,表 2-5 列出了方差分解的结果。可见利率、汇率对 UIP 方差的贡献度与各经济体的汇率及利率管制有密切关系:中国香港的联系汇制使其汇率的波动始终低于利率波动;第一阶段韩国、印尼、马来西亚实施外汇汇率管理浮动,泰国为固定汇制,这些国家(地区)在 20 世纪 90 年代中期利率都已基本市场化,所以利率的波动要大于汇率;我国 1994 年汇率开始管理浮动,而对利率的控制都较严格,日本的汇率自由浮动,利率管制则维持到 1994 年,所以都是汇率波动占比大于利率。第二阶段 UIP 方差的结构则发生了明显变化,马来西亚的盯住汇率制度使其汇率的波幅较小,我国汇制仍以管理浮动为主,利率和资本市场的管制则逐步放开,因此利率的波动显著增加,占比达 87.53%。由于汇率的"超调",其他实行利率、汇率自由浮动的国家如日本、韩国、泰国、菲律宾都是汇率波动大于利率。东亚经济体 UIP 方差的大小和金融自由化程度密切相关,新加坡在危机前后的金融自由化程度都为 9 分,UIP 方差几乎无变化;我国在金融危机前非抵补的利率平价并不成立,因为管制较为严格,利率和汇率的联动性差,对政策的不确定性预期使 UIP 序列的波动性较大,危机后各项管制措施的配合更加理想,制度磨擦减少,所以 UIP 方差也降低。其他经济体在第 II 阶段的 UIP 方差都大于第 I 阶段。可见金融市场的开放在使利率—汇率的联动更为密切的同时也加大了金融风险。

五、结论及分析

通过对金融市场动态开放背景下东亚经济体与美国非抵补利率平价的成立条件、长期均衡水平、动态调整速度及波动性的研究，得出以下主要结论：

第一，东亚经济体与美国非抵补利率平价短期不成立，长期成立但存在偏离。从"均值回归"角度而言，东亚大多数经济体与美国的非抵补利率平价短期不成立：UIP 序列的自回归系数都较显著，说明在每个时点对利率平价的偏离并非随机游走的，而是可以通过前期的偏离水平进行预测，因此瞬时的非抵补利率平价关系并不成立。但从长期来看，外界扰动造成的对利率平价的偏离是收敛的，会以一定的调整速度向某一均衡水平回归，这一长期均衡值的大小由交易成本、制度成本及风险溢价共同决定。东亚各经济体向均衡调整的差异较大，完成一半调整的最长时间为 11 个月，最短则不到 1 个月。方差分解的结论表明利率和汇率波动对 UIP 波动的贡献度与两者的金融管制程度相关，管制较多的因素波幅较小，占 UIP 波动的比例也较低，对于利率和汇率都自由浮动的经济体，汇率会由于"超调"现象而出现比利率更大的波动。可见，东亚金融市场在短期内是缺乏效率的，利率—汇率的联动机制难以成立，但在经过一个动态调整的过程之后，对外金融一体化在长期内可以实现。

第二，东亚不同经济体的金融自由化差异会部分影响其对外金融一体化程度。一是金融自由化差异对长期利率平价的成立条件影响不大：东亚绝大多数经济体与美国的长期非抵补利率平价都是成立的。金融自由化程度较高的经济体通过套利资本的自由流动使利率和汇率等变量自发地相互调节以达到新的平衡，而金融自由化程度较低的经济体则更多由货币当局的干预来平衡，这两种途径都可以使 UIP 序列向均衡收敛，实现长期利率平价。二是金融自由化差异会对瞬时利率平价产生一定影响：在金融危机

之前,金融自由度在 9 分以上的经济体仅有日本、新加坡和菲律宾,其本期 UIP 对上期 UIP 的解释度平均为 29.07%,金融自由度在 8 分及以下的经济体平均为 43.22%,金融危机后差别更为显著,金融自由度在 8 分及以下的经济体仅有中国、马来西亚及中国香港,其上期偏离对本期的解释度平均高达 72.03%,金融自由度在 9 分以上的国家解释度平均为 24.53%。可见金融自由度高的经济体本期 UIP 值受上期影响较小,金融市场的效率也较高。三是金融自由化差异会部分影响利率平价的长期均衡水平:金融自由化程度影响着资本内流的制度成本和交易成本,这两类成本和对外净资产所影响的负溢价水平综合决定着利率平价长期均衡值的正负和大小。四是在金融危机之后金融自由化程度较高的经济体利率平价的动态调整速度也较快,但在金融危机之前则没有表现出这种正相关性:危机前金融自由度 9 分以上的经济体每月纠正上期偏离幅度平均为 35.07%,低于金融自由度在 8 分以下的经济体平均 45.6% 的调整水平;金融危机之后 9 分以上的国家平均调整幅度为 46.03%,完成一半调整平均仅 1.37 个月,而 8 分以下的国家平均调整幅度为 13.03%,完成一半调整长达 6.63 个月。综上,东亚国家(地区)经济基础、风险溢价水平、微观主体的市场预期都存在较大差异,因此并非金融自由化程度较高的国家对外金融一体化程度也一定较高,这种现象在金融自由化程度整体偏低的第一阶段尤为明显。

第三,亚洲金融危机之后东亚经济体对外金融一体化程度显著提高。除马来西亚由于危机后金融管制的提高使利率平价的成立条件有所减弱外,在危机后东亚大多数经济体利率平价的形成机制都更为理想。我国与美国的非抵补利率平价由不成立变为弱成立,其他经济体的利率—汇率联动机制都更为灵敏[①]。从瞬时

---

① 为对比分析危机前后金融自由化提高对利率平价灵敏性的影响,计算平均值的样本组中不包括马来西亚和我国。

利率平价来看,金融危机之后 UIP 自回归模型的决定系数明显降低,危机前上期 UIP 对本期解释度平均为 34.79% ,危机后为 27.17% 。从长期均衡来看,金融自由化程度的提高降低了资本内流的制度成本和交易成本,对外美元净资产的增加又使负溢价水平不断提高,两者的综合作用使多数东亚经济体在金融危机后出现了对非抵补利率平价的负偏离,偏离的绝对值明显减小,危机前平均为 0.045,危机后为 0.026;从动态调整速度来看,危机后每期调整幅度从平均 41.6% 升至 43.01% ,完成一半调整所需时间从平均 1.82 个月降至 1.23 个月。但在对外金融一体化增强的同时,金融风险也相伴而生,危机后大多数经济体 UIP 的方差大于金融危机前,可见金融开放所带来的市场自发调节会改善利率平价的成立条件,但市场不确定性的提高又加大了利率系统的波动,因此提高金融体系的稳定性,防范金融危机仍是东亚地区在金融一体化进程中的重要举措。

71

第二节 基于实际利率平价的分析

在一个日趋一体化的市场中,商品和金融市场的套利行为使各国的实际利率联系日趋紧密,对实际利率平价的检验可被视为衡量各国金融一体化程度的重要尺度。该理论认为在金融市场主体可以进行理性预期及自由套利的前提下,两国间的实际利差应趋于零,但市场中普遍存在的交易成本和资本管制使两国的利率水平不会完全一致,从长期来看其差值会向某一非零均值回归。在这两种情况下实际利率平价都是成立的,前者条件较为严格,后者则相对宽松,适用于尚未完全开放的金融市场。1997 年亚洲金融危机后,东亚经济体在金融、贸易等领域展开了全方位的合作,这种合作是否有效促进了东亚的金融一体化? 美国、日本的实际

利率在东亚金融市场上是否具有驱动地位？本节将通过理论分析与实证研究进行探讨。

一、国内外文献综述

各国学者采用多种方法对实际利率平价进行了检验，在此基础上研究了金融市场的一体化程度，现归纳如下：

一是线性回归的方法。Mark（1985）、Cumby 和 Mishkin（1986）、Merrick 和 Saunders（1986）等以一国的实际利率为被解释变量、另一国的实际利率为解释变量构建回归方程，如果方程常数项不显著异于 0、被解释变量系数不显著异于 1，则说明两国实际利率平价成立。这一方法存在的主要问题是未对时间序列数据的平稳性进行检验，对于非平稳数据而言，回归方程系数的估计结果可能是有偏的。后来的学者 Goldberg，Lothian & Okunev（2003）将这一方法进行了改进，对回归数据进行了平稳性判断，然后构建一阶自回归模型描述两国实际利差的变动规律，为避免制度变迁等外在冲击对数据平稳性的干扰，他们将反映汇率制度变化的结构性拐点也引入模型，分别研究了在布雷顿森林体系和浮动汇率制度下美国、英国等六大主要工业国中任意两国的实际利率差异，分析了其金融市场一体化的程度及动态变化，结论是长期来看在考虑了汇率制度的结构性变化后这六国的实际利率是均值回归的，且在多数情况下与零没有显著差别，从短期看实际利率差异波动较大，其原因与可能的资本管制、政府干预、对政策及冲击的瞬时反应有关，这一结论说明这六国的金融市场长期内是一体化的。在此基础上，Jeon、Oh、Yang（2006）用类似方法研究了亚洲六国的长期实际利率差异，以 1997 年金融危机为拐点，结论是这些国家在危机之后与美国的利率差异逐渐缩小，而与日本的实际利差则高于美国，说明这些国家在金融危机之后与全球市场更为一体化，而其金融市场内部的一体化程度则尚存争议。

二是单位根检验法。由于平稳时间序列具有受到外在冲击后向其均衡价值回归的性质,因此通过单位根分析对实际利率差异的平稳性进行判断即可检验利率平价:如果该序列平稳则说明两国的利率差异长期内趋于零或向均值回归,实际利率平价成立,反之则说明外在扰动将使实际利率长期偏离均衡状态,利率平价不成立。Meese & Rogoff(1988)、Edision & Pauls(1993)、Obstfeld & Taylor(2002)都进行了类似的分析。在此基础上,Ferreira、Leon-ledesma(2007)又对这类研究进行了补充:一是除了传统使用的ADF法外,还综合运用了 KPSS 法、ERS 法及 ELLIOTT 法等多种方法进行单位根检验;二是用Perron(1997)的方法检验出了各样本国的具体拐点,分阶段进行研究;三是将研究样本扩充至发达国家和新兴国家市场,得出的结论是各国与美国的实际利率差异都能较快地向均值回归,新兴市场与美国的实际利差为正,而发达国家则趋于零,分段研究进一步显示各国的实际利率在拐点之后的阶段向均衡价值的回归速度明显加快,充分说明了金融自由化和全球资本市场的发展提高了各国的金融一体化程度。

三是协整分析法。当两国实际利率为非平稳时间序列时多采用这一分析方法。协整理论认为利率平价的成立需要满足两个条件:一是两国的实际利率具有一个长期的均衡关系,即协整关系,二是两者所构成的协整方程斜率为1,由于市场的不完全性,可以允许协整方程中存在一个常数项。构建协整方程主要运用了E—G法(Engle & Granger,1987)和 J—J 法(Johansen & Juselius,1990),前者适用于描述单一的协整关系,后者则适用于多变量的协整检验。从现有文献来看,两种不同分析方法得出的结论并无太大差异。Byun & Chen(1996)用 E—G 法研究了英国、比利时、法国、德国等国与美国的利率平价,结论是长期内实际利率平价成立,且在浮动汇率制度下更为明显。Awad & Goodwin(1998)用 J—J 法的分析也支持这一结论。Chinn & Frankel 使用 J—J 法研

究了亚太各国与美国及日本的实际利率平价,他们的分析显示各国与美、日的实际利率均存在协整关系,但仅有新加坡与美国、中国台湾与美国及日本的利率平价成立,且美国的利率水平影响力大于日本。Phylaktis(1997)综合 E—G 法和 J—J 法进行的研究也得出了相似的结论:亚太各国与美国实际利率的一体化程度高于日本,但仅新加坡、马来西亚、中国香港与美国的利率平价成立。

我国学者对实际利率平价理论的研究较少,部分学者对非抵补利率平价的适用性进行了理论分析:刘兴华(2002)认为我国的三大制度约束——利率管制性强、国际资本的有限性流动及人民币汇率缺乏有效波动使利率平价机制难以发挥效用;熊原维(2004)则进一步分析了我国利率—汇率传导机制的特殊表现形式:与金融自由化国家的传导区域相比,制度成本和"宽进严出"的资本管制政策使我国利率平价线的中性区间偏大且不对称,套利资金对利率的变化不敏感,利率平价所描述的利率、汇率互动并不明显;荀玉根(2007),同时引入交易成本和资本管制,对利率平价模型进行了修正,新的模型表明在我国并不存在传统利率平价理论所描述的资本流动、利率、汇率相互协调的市场机制。

综上所述,几种实证方法中协整技术能较好地体现两国实际利率的动态关系。然而,从国内外文献来看用这一方法研究东亚地区金融一体化的并不多见,仅有的一些研究选用的样本数据也主要集中于 1997 年以前,不能很好地反映东亚金融合作对金融一体化的影响。本节将重点对比 1997 年金融危机前后东亚各经济体的金融一体化程度,包括对内一体化和对外一体化,分别通过东亚国家(地区)与日本、美国的实际利率平价来表示,除了用 J—J 协整法分析实际利率的长期均衡关系外,还将构建向量误差修正模型来分析短期利率偏离长期均衡时的动态调整过程,并对主要实证结论进行解释。

74

二、实际利率平价模型及其修正

假设金融机构可以作出理性预期,商品和金融市场可以自由套利,在这样的市场中购买力平价和非抵补的利率平价均成立,分别如公式 2-9、2-10 所示,

$$R_{ft} - R_{dt} = \Delta s_t^e \tag{2-9}$$

$$\pi_{ft} - \pi_{dt} = \Delta s_t \tag{2-10}$$

$$\Delta s_t^e = \Delta s_t + \varepsilon_t \tag{2-11}$$

其中 R_{ft} 和 R_{dt} 分别表示外国和本国在 t 期的名义利率,π 表示通胀率,Δs_t 表示第 t 期的汇率变化,Δs_t^e 为预期的汇率变化,ε_t 表示预测的偏差,期望值为 0,将公式 2-10 代入公式 2-11,整理后再代入公式 2-9,即可得到实际利率平价的基本表达式,如公式 2-12 所示:

$$(R_{ft} - \pi_{ft}) - (R_{dt} - \pi_{dt}) = r_{ft} - r_{dt} = \varepsilon_t \tag{2-12}$$

实际上,由于调整成本和信息的滞后,我们很难保证实际利率平价在每个时点都是成立的,从长期来看,如果不考虑投资者的预测偏差,两国间的实际利率应有一种稳定的均衡关系,如式 2-13 所示:

$$r_{ft} - \theta r_{dt} - u = 0 \tag{2-13}$$

理论上 θ 应趋于 1,u 应趋于 0,这样才可保证两国的实际利率有相同的变化方向和程度,但实际上由于普遍存在的交易成本和资本管制,各国的实际利差很难完全一致,更多的情况下是在一定的范围内波动,波动区间受信息成本、技术成本所决定的交易费用和资本管制所决定的制度成本的影响,因此我们可以允许 u 为一非零的常数,公式 2-13 所表述的实际利率平价模型更为符合东亚各国新兴金融市场的特征,对该模型的检验和分析即成为本节研究东亚金融一体化程度的"标尺"[1]。

---

[1]　Kate Phylaktis, "Capital Market Integration in the Pacific-Basin Region: An Analysis of Real Interest Rate Linkages", *Pacific-Basin Finance Journal*, Vol 5, No. 2, June 1997, pp. 198-199。

三、实证分析方法及数据说明

(一)实证分析方法

1. 单位根检验

在研究两国实际利率的协整关系之前,首先要对各变量时间序列数据的平稳性进行检验,如果随机变量不平稳,在进行协整检验时会因出现伪回归而导致错误结论。时间序列的平稳性判断可通过单位根检验来完成。若原序列存在单位根则是非平稳时间序列,反之则为平稳时间序列。ADF 检验(Augented Dickey-Fuller Test)是较为常用的单位根检验方法。

2. 协整检验

通过单位根检验,如果两国的实际利率是一阶单整的,我们可以通过 Johansen 和 Juselius(1990)的检验法来对两国实际利率进行协整检验①。

首先可以建立如下的向量自回归(Vector autoregression, VAR)模型

$$Y_t = A_0 + A_1 Y_{t-1} + \ldots + A_p Y_{t-p} + \omega + \varepsilon_t \quad t = 1,2,\ldots T \quad (2\text{-}14)$$

其中 $Y_t = (y_{1t}, y_{2t}, \ldots, y_{jt})'$ 表示由 j 个变量构成的系统向量'(t=1,2,⋯T),ω 代表趋势项、常数项等确定项,$A_1, \cdots, A_p$ 是待估的系数矩阵,ε_t 是误差向量,p 为滞后阶数,由 AIC 最小准则确定,T 为样本容量。将 2-14 式差分变换后可以得到:

$$\Delta Y_t = \prod Y_{t-1} + \sum_{i=1}^{P-1} \Gamma_i \Delta Y_{t-i} + \omega + \varepsilon_t \quad (2\text{-}15)$$

其中 $\prod = \sum_{i=1}^{p} A_i - I, \Gamma_i = -\sum_{k=i+1}^{p} A_k$,矩阵 Π 可以分解为两个j×r阶矩阵 α 和 β 的乘积,j 为系统向量包含的变量个数,r 为协整向

---

① 高铁梅:《计量经济分析方法与建模:Eviews 应用及实例》,清华大学出版社 2006 年版,第 272 至 277 页。

量的个数,当 r<j 时,Johansen 通过对矩阵 Ⅱ 非零特征根的判断来确定协整关系和协整向量的秩,从而确定协整向量的个数,主要的检验方法有迹检验和最大特征值检验法。

由于我们研究的是东亚经济体和美国或日本的实际利率平价,因此可构建两变量的 VAR 系统,$Y_t = (r_t^{us}, r_t^{local})'$,或 $Y_t = (r_t^{japan}, r_t^{local})'$。前者称为美国—东亚向量系统,分量为美国和东亚国家(地区)的实际利率,后者为日本—东亚向量系统,分量为日本和除日本外其他东亚国家(地区)的实际利率[①]。实际利率平价成立的条件是 VAR 系统协整且分量间的长期均衡关系如式 2-13 所示,因此除了协整检验外,还需要对参数 θ 进行 LR 检验,原假设为 θ=1,接受原假设说明利率平价成立,反之则不成立。

3. 向量误差修正模型

协整分析可以研究两国实际利率的长期均衡,为了描述各国短期利率水平向长期均衡的动态调整过程还需建立向量误差修正模型(Vector error correction model,VECM),两个 VAR 向量系统分别对应了两个 VEC 向量系统:$\Delta Y_t = (\Delta r_t^{us}, \Delta r_t^{local})'$ 和 $\Delta Y_t = (\Delta r_t^{japan}, \Delta r_t^{local})'$,前者以美国和东亚国家(地区)实际利率变动为分量,后者以日本和除日本外的其他东亚国家(地区)实际利率变动为分量,在 2-15 式的基础上,构建向量误差修正模型如下:

$$\Delta Y_t = \alpha EC_{t-1} + \sum_{i=1}^{p-1} \Gamma_i \Delta Y_{t-i} + \omega + \varepsilon_t \qquad (2-16)$$

其中 $EC_{t-1} = \beta' Y_{t-1}$,是均衡误差修正项,反映变量间如式 2-13 所示的长期均衡关系,α 为误差修正系数,反映短期偏离均衡时向长期均衡调整的速度,β 为由协整向量组成的矩阵。该模型说明向量 ΔY_t 的变化由两类因素决定:一是其自身短期波动带

77

---

① Menzie D Chinn & Jeffrey A. Franke, "Who Drives Real Interest Rates Around the Pacific Rim: The USA or Japan?", *Journal of International Money and Finance*, Vol 14, No 6, December 1995, pp. 802-803.

来的影响,可通过各变量滞后差分项前的单个系数来描述;二是对前期非均衡的反向调整程度,可通过误差修正项系数来反映,我们的分析重点是第二个因素。向量系统中的每个分量都会进行调整以纠正其对于长期均衡的短期偏离,然而调整的显著性会有所差异,调整较为显著的一方在向量系统中的影响力低于调整较不显著的一方;如果协整参数 θ 为正,为维持系统均衡双方会朝相同的方向调整,如果 θ 为负则会朝相反的方向调整。通过 VECM 模型可以动态地对比美国、日本的实际利率在东亚金融市场上的驱动地位。

(二)样本选取及数据来源

本书样本中所包括的国家和地区为:东盟五国(印度尼西亚、菲律宾、马来西亚、泰国、新加坡)、大中华经济圈(中国大陆、中国香港、中国台湾)、韩国,以及作为利率平价参照国的日本和美国。名义利率和通货膨胀率均取月度数据,根据前述研究文献,美国的名义利率取 90 天国库券利率,其他国家和地区的名义利率均取受行政干预较少的货币市场利率,中国的货币市场利率取人民银行对金融机构 20 天的短期贷款利率。通货膨胀率取各国每月 CPI 指数变化的百分比。由于亚洲金融危机期间多数国家的利率呈现异常波动,因此应将 1997 年 4 月—1998 年 12 月这一阶段剔除(Jeon & Oh,2006),整个研究期间可划分为两个阶段[①]:第一阶段从 1990 年 1 月至 1997 年 3 月;第二阶段从 1999 年 1 月至 2006 年 4 月。除中国台湾的数据来自澎渤(Bloomberg)数据库外,其余国家的数据均来自于 IMF 的 IFS 数据库。

四、实证研究结果

(一)单位根检验

运用 ADF 单位根检验法,根据原序列图形选择适当的带截距

---

① 由于数据收集的局限,部分国家或地区的数据起始时间较晚,中国大陆的起始时间为 1993 年 3 月,中国香港为 1993 年 1 月,中国台湾为 2000 年 1 月。

和趋势项的模型,用 AIC 准则选取滞后阶进行检验,结果如表 2-6 所示,可见在第一阶段,除韩国、泰国、菲律宾三国的实际利率为平稳时间序列外,其余国家(地区)的实际利率为一阶单整序列,第二阶段所有国家(地区)的实际利率均为一阶单整序列,其长期均衡关系还有待于进行协整分析。

表 2-6 东亚国家(地区)实际利率的单位根检验

	第一阶段				第二阶段			
	时间	原序列	一阶序列	结论	时间	原序列	一阶序列	结论
美国	1990.1—1997.3	-1.788	-6.521***	I(1)	1999.1—2006.4	-0.076	-2.671***	I(1)
日本	1990.1—1997.3	-0.521	-6.713***	I(1)	1999.1—2006.4	-1.190	-3.442***	I(1)
韩国	1990.1—1997.3	-3.677***	/	I(0)	1999.1—2006.4	-1.886	-2.714***	I(1)
新加坡	1990.1—1997.3	-2.661	-5.816***	I(1)	1999.1—2006.4	-1.560	-2.880***	I(1)
印尼	1990.1—1997.3	-1.237	-8.148***	I(1)	1999.1—2006.4	-2.269	-4.251	I(1)
马来西亚	1990.1—1997.3	-2.157	-8.598***	I(1)	1999.1—2006.4	-0.904	-4.123***	I(1)
泰国	1990.1—1997.3	-3.876***	/	I(0)	1999.1—2006.4	-1.455	-8.380***	I(1)
菲律宾	1990.1—1997.3	-3.055***	/	I(0)	1999.1—2006.4	-2.602	-7.453***	I(1)
中国大陆	1993.3—1997.3	-0.779	-5.295***	I(1)	1999.1—2006.4	-1.801	-11.866***	I(1)
中国香港	1993.1—1997.3	-0.227	-9.329***	I(1)	1999.1—2006.4	-2.455	-9.548***	I(1)
中国台湾					2000.1—2006.4	-2.052	-8.282***	I(1)

（二）协整检验

两个阶段东亚经济体与美国、日本实际利率的协整关系及协整参数的 LR 检验结果分别如表 2-7、表 2-8 所示。第一阶段,剔除实际利率为平稳时间序列的韩国、泰国、菲律宾以及未收集到数

据的中国台湾地区,其他如中国大陆、新加坡、马来西亚、印尼、中国香港均在1%的水平上拒绝了R＝0的原假设,接受了R≤1的假设,说明这些国家(地区)与美国、日本的实际利率都存在一个协整关系;在第二阶段,上述五个国家(地区)以及中国台湾、韩国、菲律宾、泰国都与美国、日本的实际利率协整,日本与美国的实际利率在任何阶段都不具有协整关系。

从对协整参数 θ 的 LR 检验结果来看:在第一阶段只有中国香港与美国的实际利率平价成立,在第二阶段韩国、新加坡、菲律宾、中国台湾、中国香港与美国的实际利率平价均成立;各国家(地区)在金融危机之前与日本的实际利率负相关,危机之后除新加坡外,其他国家(地区)与日本的实际利率开始正相关,但在任一阶段这些国家(地区)与日本的实际利率平价均不成立。这说明在1997年亚洲金融危机之后,随着各国金融合作的深化,东亚金融对外一体化程度逐步提高,表现为越来越多的国家与美国的实际利率平价机制开始建立,然而其内部一体化程度并未加强,各国家(地区)与日本的实际利率平价并不成立。

表 2-7　1997 年金融危机前东亚国家(地区)与美国、日本实际利率的协整关系

VAR 系统	$Y_t = (r_t^{us}, r_t^{local})'$				$Y_t = (r_t^{japan}, r_t^{local})'$			
原假设	$H_0 : R = 0$	$H_0 : R \leqslant 1$	协整参数 θ	LR 检验 θ＝1	$H_0 : R = 0$	$H_0 : R \leqslant 1$	协整参数 θ	LR 检验 θ＝1
日本	7.852	/				/		
新加坡	15.066***	1.042	1.815	7.902***	15.906***	1.576	−1.980	13.449***
印尼	13.746***	1.362	0.381	7.215***	13.762***	1.541	−1.530	7.552***
马来西亚	15.752***	1.128	0.485	9.987***	16.830***	6.017	−7.253	4.251**
中国大陆	12.203***	1.992	0.135	5.312**	15.864***	5.367	−0.102	10.189***
中国香港	26.595***	0.014	1.310	0.042	13.127***	2.393	−0.382	10.498***

表2-8　1997年金融危机后东亚国家(地区)与美国、日本实际利率的协整关系

VAR系统	$Y_t = (r_t^{us}, r_t^{local})'$				$Y_t = (r_t^{japan}, r_t^{local})'$			
原假设	$H_0:R=0$	$H_0:R\le1$	协整参数 θ	LR检验 $\theta=1$	$H_0:R=0$	$H_0:R\le1$	协整参数 θ	LR检验 $\theta=1$
日本	10.526	/			/			
韩国	12.425***	4.745	1.313	1.461	11.763***	5.303	0.327	3.268*
新加坡	23.960***	3.789	1.071	0.121	21.463***	4.844	−0.317	13.754***
印尼	22.3***	2.921	−0.414	3.9778**	16.443***	1.763	0.155	7.474***
马来西亚	19.747***	3.048	−1.352	16.684***	11.173***	1.491	0.440	5.479**
泰国	16.978***	6.037	2.418	6.379**	15.355***	0.729	0.327	6.493***
菲律宾	23.636***	5.021	0.905	0.099	12.671***	1.813	0.109	10.498***
中国大陆	22.769***	9.384	−1.071	6.519***	13.775***	0.378	0.121	13.237***
中国香港	28.442***	2.748	1.246	1.062	11.363***	1.793	0.083	12.279***
中国台湾	15.190***	4.121	1.065	0.240	11.545***	1.925	0.115	7.563***

81

(三)向量误差修正模型

在分析了东亚经济体与美国及日本实际利率的长期均衡关系后,我们还可以构建如式2-16所示的向量误差修正模型(VECM)来分析各国的短期利率向长期均衡的动态调整过程,两个VEC向量系统$\Delta Y_t = (\Delta r_t^{us}, \Delta r_t^{local})'$和$\Delta Y_t = (\Delta r_t^{japan}, \Delta r_t^{local})'$,每一阶段的误差修正项系数如表2-9所示,其中$\eta_{us}$、$\eta_{local}$分别代表以美国和东亚国家(地区)实际利率变动为自变量时的误差修正项系数;λ_{jp}、λ_{local}分别代表以日本和其他东亚国家(地区)实际利率变动为自变量时的误差修正项系数,该系数反映了系统本期对上期偏离均衡的纠正(Kate,1997)。如前所述,在第一阶段只有中国、新加

坡、马来西亚、印尼、中国香港与美国、日本的实际利率具有协整关系,其误差修正方程中的 η_{us} 均不显著,η_{local} 均显著且为正,说明如果由于美国实际利率提高而引起系统对长期均衡的偏离,上述五个国家(地区)会在本期相应升高其实际利率以纠正这种偏差,而美国的实际利率则不会发生显著调整。此外 λ_{local} 均不显著,λ_{jp} 均显著且为负,说明如果日本上期实际利率上升而引起系统"失衡",则本期日本的实际利率会显著降低以使系统恢复均衡状态,东亚经济体则不会显著调整其实际利率。在第二阶段,九个东亚国家(地区)与美国、日本的实际利率均具协整关系,其误差修正方程的 η_{us} 均不显著,η_{local} 均显著,与第一阶段类似,说明东亚各国会主动调整其实际利率以恢复系统均衡,调整的方向与反映长期均衡关系的协整参数 θ 有关,若美国实际利率高于均衡水平,协整参数为负的中国、印尼、马来西亚会相应降低实际利率,协整参数为正的其他东亚经济体会相应提高其利率以将系统拉回至均衡状态;λ_{jp} 均显著且为负,部分东亚国家(地区)的 λ_{local} 显著,可见当日本实际利率高于均衡水平时,仍是主要通过其"自我抵消"予以纠正,与危机前不同的是部分东亚国家(地区)也会作出一定调整,但其调整的显著性低于日本。可见,从短期偏离向长期均衡的调整过程来看,美国利率在东亚金融市场上的驱动作用强于日本。

表2-9 东亚各国(地区)与美国、日本实际利率的向量误差修正模型

时间	1990.1—1997.3				1999.1—2006.4			
VEC系统	$\Delta Y_t = (\Delta r_t^{us}, \Delta r_t^{local})'$		$\Delta Y_t = (\Delta r_t^{japan}, \Delta r_t^{local})'$		$\Delta Y_t = (\Delta r_t^{us}, \Delta r_t^{local})'$		$\Delta Y_t = (\Delta r_t^{japan}, \Delta r_t^{local})'$	
EC_{t-1}项系数	η_{local}	η_{us}	λ_{local}	λ_{jp}	η_{local}	η_{us}	λ_{local}	λ_{jp}
日本	/				/			
韩国	/				0.152***	−0.036	0.113*	−0.126***

续表

时间	1990.1—1997.3				1999.1—2006.4			
VEC系统	$\Delta Y_t=(\Delta r_t^{us},\Delta r_t^{local})'$		$\Delta Y_t=(\Delta r_t^{japan},\Delta r_t^{local})'$		$\Delta Y_t=(\Delta r_t^{us},\Delta r_t^{local})'$		$\Delta Y_t=(\Delta r_t^{japan},\Delta r_t^{local})'$	
EC$_{t-1}$项系数	η_{local}	η_{us}	λ_{local}	λ_{jp}	η_{local}	η_{us}	λ_{local}	λ_{jp}
新加坡	0.136***	0.042	0.024	−0.360***	0.362***	−0.074	−0.23**	−0.250***
印尼	0.670***	0.002	−0.009	−0.017***	−0.413***	0.017	0.166*	−0.152***
马来西亚	0.186***	0.042	−0.008	−0.012***	−0.202***	−0.109	0.125	−0.177***
泰国	/				0.099***	0.029	0.223**	−0.211***
菲律宾	/				0.280***	0.066	0.161*	−0.209***
中国大陆	0.324***	−0.012	0.080	−0.519***	−0.150***	−0.033	0.201**	−0.282***
中国香港	0.122***	0.037	−0.023	−0.451***	0.412***	−0.001	0.046	−0.256***
中国台湾	/				0.566***	−0.120	0.198	−0.237***

五、结论及分析

本节运用修正后的实际利率平价模型,采用协整分析法研究了东亚国家(地区)和美国、日本实际利率的长短期内在联系,在此基础上分析了1997年亚洲金融危机前后东亚金融市场的一体化程度及其动态变化,基本结论如下:

第一,东亚经济体在亚洲金融危机后实际利率的联系日趋密切,对外金融一体化程度明显提高,对内金融一体化仍有待增强。本节的实证分析显示在东亚金融危机之前,仅中国香港与美国的实际利率平价通过了检验,危机之后韩国、新加坡、菲律宾、中国台湾、中国香港与美国的实际利率平价均成立,但不论在哪一阶段,

东亚其他经济体与日本的实际利率平价均不成立。且从短期偏离向长期均衡的调整来看,不管是在危机前还是危机后,对于由美国利率变化而造成的非均衡,东亚经济体的实际利率会迅速作出调整以纠正这种偏离,而对于由日本利率变化造成的非均衡则多由日本主动调整以将系统拉回至均衡状态。可见相对于日本而言,美国的实际利率在东亚金融市场上更具驱动作用,金融危机之后积极展开的金融合作使东亚经济体与美国实际利率的联系更为密切。就内部一体化而言,在东亚金融危机前后也出现了微妙的变化,危机前东亚其他国家(地区)与日本的实际利率变化方向相反,且每期系统对于长期均衡的偏离都由日本主动作出调整;而在危机之后,样本中的大多数国家(地区)与日本的实际利率都呈同向变动,对于短期的非均衡,除了日本仍显著调整外,东亚部分国家(地区)也会进行一定程度的调整,这些都说明亚洲金融危机后的区域金融合作使东亚经济体实际利率的内部联系性有所增强,但和实际利率平价的成立还有一定距离,东亚内部金融一体化程度仍有待提高。

第二,东亚经济体在金融和外贸领域的管制、区域合作的进程以及金融市场基准利率的选择是影响东亚金融一体化程度的重要因素。东亚各国(地区)实际利率的联系性是衡量其金融一体化程度的重要尺度,实际利率平价可以分解为相对购买力平价和非抵补的利率平价,这两个平价的成立意味着商品和金融市场的自由套利,这种套利的成本又取决于贸易壁垒、资本管制、利率管制及外汇市场的管制。东亚金融危机之后,在东亚经济体内部及全球范围内出现的对外开放及贸易自由化改革显著提升了其区域化和全球化水平,商品和服务市场的一体化程度大大提高,危机以来东亚经济体在资本流动、利率形成及外汇市场方面的金融改革以及金融合作的长足发展又进一步推进了其金融市场的内、外部联系,这些因素共同降低了商品和金融市场的套利成本,表现为危机后东亚经济体实际利率的变动日趋同化,韩国、新加坡、中国台湾、中国香港等开放较早、相对成熟的金融市场与美国的实际利率平价机制已开始建立。然而,全方位的经济、金融合作并未显著提高东亚内部金融一体化程度,究其原因,与东亚金融市场"核心国"的缺位有关。日本在东亚金融市场中并未发挥"中流砥柱"的作用:从外资投向来看,日本的金融市场在广度、深度及成熟度方面都不及美国,很难成为东亚各国(地区)投资资金的集聚地;从贸易关系看,日本的贸易结构及国内市场缓慢的开放速度使东亚经济体对其贸易的依存度大大降低;从汇率稳定性来看,日元在亚洲金融危机中的竞争性贬值使其作为东亚核心货币的可能性进一步降低,以上原因使日本的实际利率尚未具备成为东亚金融市场基准利率的条件,东亚经济体对日本的实际利率平价机制并不成立,以此为基础的金融市场内部一体化也困难重重。

第三,取消管制、促进合作、形成东亚本土化的"驱动利率"是推动东亚金融一体化的重要举措。根据上述分析,提高东亚经济体实际利率的联系性,促进东亚金融一体化应从多方面着手。首先,东亚各国应审慎推进金融自由化改革:逐步放松利率管制、有序地推动利率市场化进程;完善汇率的形成机制,建立和发展远期外汇市场,提供更多的外汇交易工具,维持稳定的汇率政策,提高外汇市场效率;以适当的进度开放资本市场,提高资本的利率弹性,构建灵活的汇率—利率传导机制。其次,应继续加强在经济、金融领域的各项合作:推动双边及次区域贸易及投资协议的缔结,促进区内商品和服务贸易的一体化,支持开放的全球贸易体系;协调成员国的汇率制度,建立次区域货币区,形成东亚汇率的联动机制,推动单一货币区的形成;在债券监管制度、债券资信评级、债券交易及结算系统等方面协调本币债券市场,进而统一亚洲债券市场;提高各成员国股票市场的联系性,扩大异地上市规模,加强各国和地区的监管合作和交易所合作。最后,东亚内部"驱动利率"

85

的形成也至关重要。利率的一体化以汇率的协调为基础，根据先建立"华元"区、"东盟元"区等次级货币区、再推行统一亚洲货币的思路，可先在各次级货币区形成区域性的核心利率，在此基础上形成统一的金融市场利率，逐步取代美国利率在东亚金融市场的驱动地位，提高东亚的内部金融一体化程度。尤其是应加快我国利率市场化和人民币汇率制度的改革，促进中华经济区的构建，推动两岸四地货币一体化，同时应扩大与东盟、日本及韩国的经济金融合作，加速人民币的区域化、国际化进程，培育中国在东亚汇率—利率联动机制中的重要地位。

本章小结

本章运用利率平价法对东亚金融一体化进行了实证研究，包括非抵补利率平价法和实际利率平价法。

首先是非抵补利率平价法。结合东亚经济体金融自由化程度的差异，构建计量模型系统研究了东亚各国（地区）与美国非抵补利率平价的长、短期成立条件、利率平价的长期均衡水平、动态调整速度及波动性。从长期来看，外界扰动造成的对利率平价的偏离是收敛的，会以一定的调整速度向某一均衡水平回归，这一长期均衡值的大小由交易成本、制度成本及风险溢价共同决定；方差分析表明金融市场的开放在使利率—汇率的联动更为密切的同时也加大了金融风险。综上，东亚金融市场在短期内是缺乏效率的，利率—汇率的联动机制难以成立，但在经过一个动态调整的过程之后，对外金融一体化在长期内可以实现。金融自由化差异对长期利率平价的成立条件影响不大，会对瞬时利率平价产生一定影响。东亚国家（地区）经济基础、风险溢价水平、微观主体的市场预期都存在较大差异，因此并非金融自由化程度较高的国家对外金融一体化程度也一定较高，这种现象在金融自由化程度整体偏低的亚洲金融危机之前尤为明显。亚洲金融危机之后东亚对外金融一体化程度显著提高，但金融风险也相伴而生，可见金融开放通过完善市场自发调节机制改善了利率平价的成立条件，但市场不确定性的提高又加大了利率系统的波动，因此提高金融体系的稳定性，防范金融危机仍是东亚地区在金融一体化进程中的重要举措。

其次是实际利率平价法。主要运用协整技术及向量误差修正模型研究了东亚各经济体与美国、日本的实际利率平价关系及其在亚洲金融危机前后的变化。实证研究说明东亚多数经济体与美国的利率平价成立，而与日本不成立，从利率平价的动态调整来看，对于由美国实际利率变化而造成的非均衡，东亚各国（地区）的实际利率会迅速作出调整以纠正这种偏离，而对于由日本实际利率变化造成的非均衡则多由日本主动调整以将系统拉回至均衡状态。亚洲金融危机后东亚经济体开放度的提高和区域金融合作的加强共同降低了商品和金融市场的套利成本，提高了东亚实际利率的联系性，但由于东亚各国（地区）的资本管制、较浅层次的金融合作及核心利率的缺失，使其内部金融一体化程度仍然较低。逐步取消东亚经济体的资本管制并构建灵活的利率—汇率传导机制、加强在经济金融领域的合作、形成本土化的"驱动利率"是推动东亚金融一体化的重要举措。

87

第三章　东亚金融一体化度量：
　　　资本流动和风险分担视角

金融一体化促进了各国商品、金融资产及服务的交换。在这一过程中，国际资本的流动会日益频繁，经济衰退国家的居民和企业可以通过国际借贷及持有国外资产弥补收入损失，防范产出波动对消费水平的冲击。本章将从国际资本流动及消费风险分担的角度度量金融一体化，首先通过外资流量和存量分析国际资本流动；然后通过本国产出、消费与相应的世界产出、消费的相关性研究东亚各国（地区）的消费风险分担及影响因素，并提出完善东亚国际消费风险分担机制的对策。

第一节　基于国际资本流动的分析

从国际资本的流动出发度量金融一体化的方法包括限制法和数量法，限制法重在分析制度安排，依据是官方管制的消除可以在一定程度上促进金融一体化的提高，这样通过分析对资本流动的官方管制即可判断一体化程度，这一方法难以准确度量资本账户的开放程度和管制政策的影响程度。数量法重在分析数量变化，根据实际资本流动构建量化指标，包括流量指标和存量指标，本节将用数量法分析东亚金融一体化。

一、主要指标计算

综合各类文献,数量法衡量金融一体化的主要指标有:

第一,外资总存量。即外商直接投资与证券投资存量与 GDP 之比。相当于外国的资产和负债存量占 GDP 的比重(Lane and Milesi-Ferretti,2002)。Edison(2002)首次运用金融一体化的存量指标来分析其与经济增长的关系,他指出存量指标的优点在于较为稳定,不易受短期政治和政策波动的影响。

第二,外资流入存量。即外商直接投资与证券投资流入存量与 GDP 之比,也就是一国对外负债存量与 GDP 之比(Lane and Milesi-Ferretti,2002)。该指标从总存量指标中剔除了资本外流量,由于发展中国家吸引外资占有较大比重,这一指标尤其适用于发展中国家。

第三,外资总流量。该指标为资本总流入流出量之和与 GDP 之比,资本总流量包括外商直接投资和证券投资的流入流出量。该指标可从总体上反映一国金融一体化水平。

第四,外资流入量。即外商直接投资与证券投资的资本流入量之和与 GDP 之比。与总流量指标不同的是,这里不包括资本流出量,许多研究都涉及资本流入与经济增长的关系,东亚成员国大多为新兴经济体和发展中国家,这一指标更具代表意义。

第五,国际 FDI 流量和证券投资流量。分别为 FDI 流入流出量之和与 GDP 之比、国际证券投资总量与 GDP 之比,这两个指标可用来考察不同类型的资本流量所衡量的金融一体化。

二、统计分析

(一)东亚经济体的划分

按金融一体化可把东亚经济体分为两组:金融一体化程度较

低的经济体(Less Financial Integrated,LFI)和金融一体化程度较高的经济体(More Financial Integrated,MFI)。分别计算出1980—2007年东亚各国家(地区)外资总存量和外资总流量指标的均值并排序①,如表3-1所示,可见两种排序结果有一定差别:如果按流量指标,MFI经济体为中国香港、新加坡、马来西亚和日本,若按存量指标,MFI经济体则为中国香港、新加坡、马来西亚和菲律宾。总流量指标能更客观地反映国际资本流动所代表的金融一体化水平,且日本资本市场的管制程度也低于菲律宾(见表0-3),因此MFI经济体为中国香港、新加坡、马来西亚和日本,LFI经济体为中国大陆、泰国、菲律宾、韩国、印尼。

表3-1　东亚LFI及MFI经济体的划分

东亚经济体	外资总流量均值(%)	排序	外资总存量均值(%)	排序
中国香港	68.76	1	694.37	1
新加坡	25.86	2	171.63	2
马来西亚	5.86	3	41.21	3
日本	4.82	4	29.25	6
泰国	4.03	5	35.59	5
中国大陆	3.66	6	24.56	7
韩国	3.37	7	24.49	8
菲律宾	3.31	8	39.18	4
印尼	1.27	9	23.66	9

(二)统计分析结果

将LFI和MFI经济体1980—2007年存量指标的中值绘成曲

---

① 数据来源为IMF的IFS数据库;计算总流量时资本流出量取绝对值;由于数据缺失,中国大陆和中国香港存量指标的起始时间分别为1985年和1991年,流量指标的起始时间分别为1982年和1998年。

线,如图 3-1 和图 3-2 所示①,可以看出东亚金融一体化程度逐年提高,从存量指标来看,MFI 与 LFI 经济体的开放度差在 20 世纪 80 年代中期开始拉大,MFI 经济体 90 年代后的两个存量指标都在高位运行,总资本存量指标在 100% 以上,外资流入存量指标在 30% 以上;LFI 经济体资本总存量指标在 1998 年后开始缓慢上升,但占 GDP 比重始终未超过 50%,外资流入存量则在短暂上升之后又开始回落。

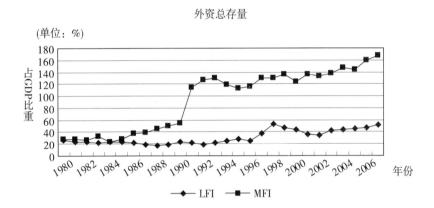

图 3-1 金融一体化程度对比(外资总存量)

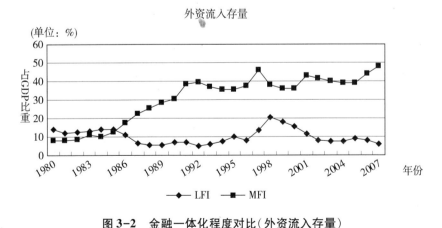

图 3-2 金融一体化程度对比(外资流入存量)

①　中国大陆和中国香港部分年份数据缺失,计算这些年份中值时将在相应经济体中剔除缺失数据。

　　将 LFI 和 MFI 经济体 1980—2007 年流量指标的中值绘成曲线,如图 3-3、图 3-4 所示。从流量指标来看,总流量指标显示 MFI 经济体从 20 世纪 90 年代后期开始迅速攀升,1998 年以后占 GDP 比重一直保持在 15%—30% 的水平;MFI 经济体外资流入量指标波动较大,2001 年以后有上升趋势。LFI 经济体两类指标都在低水平运行:外资总流量始终在 10% 以下,外资流入量指标则在 5% 以下。

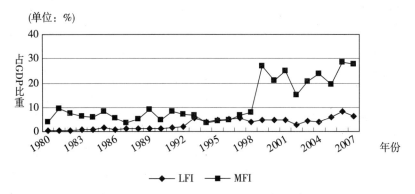

图 3-3　金融一体化程度对比(外资总流量)

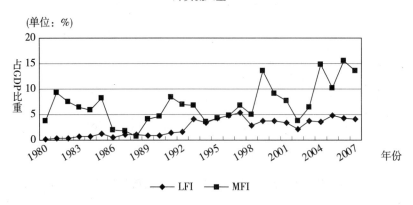

图 3-4　金融一体化程度对比(外资流入量)

　　将两类经济体1980—2007年国际直接投资流量、国际证券投资流量指标的中值绘成曲线,如图3-5、图3-6所示。从国际直接投资流量来看,1998年以前MFI经济体国际直接投资占GDP比重低于10%,1998年以后开始波动式上升;国际证券投资占GDP比重也呈相似变化,1998年前多数时期在5%以下,1998年以后则多在8%以上。LFI经济体国际直接投资流量指标一直在5%以下,证券投资流量指标则更低,1998年前不到2%,2000年以后开始上升,但也未突破4%。

国际直接投资流量

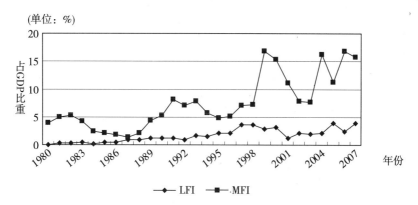

图3-5　金融一体化程度对比(国际直接投资流量)

国际证券投资流量

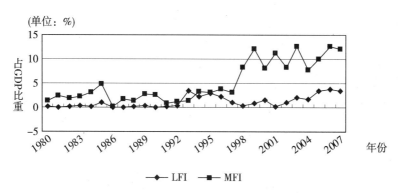

图3-6　金融一体化程度对比(国际证券投资流量)

93

第二节　基于国际风险分担的分析

经济的周期波动会对经济主体收入水平造成一定的冲击,金融的一体化可以在一定程度上减少由于经济的周期性波动对消费带来的冲击。然而金融一体化的这种国际消费风险分担功能还会受到如贸易开放、金融发展及通货膨胀等具体因素的制约。随着东亚金融合作的逐步推进,金融市场的联系也日益密切,东亚金融一体化是否为成员国提供了更多的消费平滑机会? 是否还存在其他因素制约着金融一体化消费风险分担功能的发挥? 本节将对这些问题进行探讨,从国际风险分担的角度测度东亚金融一体化。

一、国内外研究文献回顾

国内外的研究主要包括分析金融一体化对消费风险分担的促进作用及其影响因素。

(一)金融一体化对国际消费风险分担的促进作用研究

经典的跨时开放经济模型从跨国消费与产出相关性出发,分析了金融一体化市场上各国的风险分担情况,如 Obstfeld(1994)、Obstfeld 和 Rogoff(1996)构建模型预测了国家消费增长与世界消费增长的线性相关性。按照这类模型的理论预期,对于完全风险分担的理想市场,消费可以避免受到本国产出波动的冲击,本国消费与产出的相关性较低,跨国消费增长率的相关性很高,本国消费与世界产出的相关性高于与本国产出的相关性。基于上述预期,很多学者运用相关性分析来检验消费风险分担,得出的主要结论为:一是跨国消费的相关性较低(Ambler,2004);二是跨国消费的相关性低于跨国产出的相关性(Obstfeld,1994、1995);三是跨国消费与本国产出的相关性高于与世界产出的相关性（Pakko,1998），但工业化国家本国产出与世界产出的联系性强于非工业化国家（Kose 等,2003）。

除了相关分析外,回归分析是测度国际消费风险分担的又一方法。其理论基础是风险分担程度取决于具有特质性的消费波动被具有特质性的产出波动缓冲的程度,因此以本国与世界的相对消费增长率为因变量,以本国与世界的相对产出增长率为自变量进行回归,回归系数即反映了本国消费与本国产出的同步化程度,这一系数越小跨国消费风险分担程度就越高。主要实证结论是完美风险分担的假设被拒绝（Obstfeld,1995）,但工业化国家1990 年后的风险分担程度有所提高（Sorenson 等,2006）,欧洲国家也存在类似规律（Giannone 等,2006）。从风险分担的动态演进来看,工业化国家在全球化时代风险分担程度有所提高,而新兴市场却略有下降（Kose 等,2007）。可见,实证研究显示金融一体化并未有效促进国际消费风险分担,尤其是对那些新兴经济体。

（二）金融一体化推动国际消费风险分担的影响因素分析

金融一体化背景下理想的消费风险分担需要相应的条件才可实现,Kose、Prasad 和 Terrones（2007）对相关文献进行了梳理,认为这些影响因素主要包括:一是不可贸易的商品,Stockman 和 Tesar（1995）构建理论模型说明当含有不可贸易商品时,在面临较大的偏好冲击时即便在完全风险分担的情况在下跨国消费相关性也会较低。二是不完善市场,Baxter（1995）、Heathcote 和 Perri（2002）的模型认为当国际金融市场不完善时,不可能提供所有能对冲产出波动的金融资产,完全的跨国消费风险分担也难以实现。三是交易成本,Obstfeld 和 Rogoff（2001）的交易成本模型认为国际商品和资产的交易成本较高,会抑制市场主体进行跨国风险分担的动机。四是本国的股权偏好,French 和 Poterba（1991）的研究显

95

示由于投资者对本国股权的偏好使多样化的国际投资组合难以构建,从而影响了跨国风险分担。五是国际资本的结构,相比股权投资和国际直接投资而言,国际债权流动较不稳定,且往往与经济周期较为同步,因此在国际资本中债务占比较高的国家消费平滑的难度较大。

Kose 等(2007)在回归方程中引入交织项综合分析了各类因素对国际消费风险分担的影响,结论是金融一体化在全球化时期会促进工业国的风险分担,但对新兴市场作用不显著,"门槛效应"的存在可能是一个原因,即只有那些与国际金融市场完全一体化的国家才会享有风险分担收益,为了促进风险分担新兴市场还需要与全球金融市场有更高程度的一体化。另外国际资本的构成也会有一些影响,在全球化时期国际直接投资和股权的组合促进了风险分担,对于工业化国家而言债务存量并未起到积极作用,对新兴国家这种具有"放大周期"特征的债务流动则在一定程度上阻碍了利用国际资本来平滑消费波动,如果这类市场会更多利用比外债更为稳定的国际直接投资和证券投资等资本,他们从金融一体化中获得的风险分担收益将会更为显著。其他如一国的贸易开放度、金融发展水平、制度环境等并未对新兴经济体的消费风险分担产生很大影响。

综上所述,从实证研究结果看金融一体化并未有效提高跨国消费风险分担水平,尤其是对那些新兴经济体;从影响渠道来看也未有定论,各种因素对于不同的研究样本产生了不同程度的影响。现有文献中 Kose,Prasad 和 Terrones(2007)的研究较为全面,他们综合分析了金融一体化背景下国际消费风险分担的程度、动态演进及影响因素,但主要以工业化国家和新兴市场为研究对象。本节将在这一研究基础上以东亚经济体为样本,测度东亚金融一体化进程中各经济体国际消费风险分担的水平、动态变化及影响因素,并对东亚两类金融一体化程度不同的经济体进行对比分析。

二、数据及实证方法说明

(一)样本选取及数据来源

样本中所包括的国家和地区为:东盟五国(印度尼西亚、菲律宾、马来西亚、泰国、新加坡)、中国大陆、日本、韩国和中国香港,主要的数据包括:上述九个国家(地区)1970—2007 年总产出、总消费、居民消费、政府消费的面板数据,以及金融一体化、贸易开放度、金融发展和通货膨胀的面板数据;美国 1970—2007 年产出和消费的数据,所有数据均来自于 IMF 的 IFS 数据库①。按金融一体化程度把东亚经济体分为两组,分组的依据同表 3-1,MFI 经济体为日本、马来西亚、新加坡、中国香港;LFI 经济体为印尼、韩国、中国、菲律宾、泰国②。

(二)实证研究方法

本书将运用 Kose 等(2007)的方法研究东亚金融一体化进程中各国(地区)的国际消费风险分担,包括其测度和影响因素分析③。一是相关性分析,分别研究东亚本国消费和本国产出、本国消费和世界产出的相关性。二是运用经典的风险分担方程检验完

97

---

① 由于数据不全,中国大陆和中国香港各数据起始时间分别为:各类消费指标、通货膨胀指标 1987 和 1982 年,金融发展指标 1978 年和 1990 年,金融一体化存量指标 1985 年和 1991 年,金融一体化流量指标 1982 年和 1998 年。其他国家金融一体化流量指标起始时间也较晚:印尼 1981 年、日本 1977 年、韩国 1976 年、马来西亚 1974 年、菲律宾 1977 年、新加坡 1972 年、泰国 1975 年。中国大陆贸易开放度和国民生产总值指标始于 1978 年,印尼金融发展指标和金融一体化存量指标始于 1980 年。其他均为 1970—2007 年面板数据。

② 在划分 LFI 和 MFI 经济体时,笔者也使用 1970—2007 年的数据进行了计算,与 1980—2007 年数据的排序结果相同,因此这里两类经济体的划分仍沿用表 3-1 的结论。

③ 实证方法参见 Kose M. Ayhan, Prasad Eswar S. & Terrones Marco E, "How Does Financial Globalization Affect Risk Sharing? Patterns and Channels", IMF Working Paper. WP/07/238,2007,pp.15—21。

全风险分担假设,在此基础上分析东亚国际消费风险分担的动态演进。三是研究金融一体化、贸易开放度、金融发展、通胀水平等因素对东亚消费风险分担的影响。

1. 国际消费风险的相关性分析

按照理论预期,一个完全的风险分担市场消费与产出的相关性应有以下特点:国内产出与消费相关性很弱或不相关;跨国的消费相关性很高,明显高于跨国产出的相关性;国内消费与世界产出的相关性远高于与国内产出的相关性。这里将通过对比各国产出、消费与相应的世界产出及消费的相关性来测度东亚的国际消费风险分担,并对 LFI 和 MFI 经济体进行对比。

2. 完全风险分担假设的检验

$$\Delta \log c_{it} - \Delta \log C_t = \alpha_t + \beta_{ct}(\Delta \log y_{it} - \Delta \log Y_t) + \varepsilon_{it} \qquad (3\text{-}1)$$

式 3-1 为相关研究中较为经典的检验完全风险分担假设的方程,其中 $c_{it}(y_{it})$ 代表 i 国第 t 年的人均名义总消费(总产出),Ct(Yt)表示相应的世界人均名义总消费(总产出),回归系数 βct 反映了本国与世界相对消费和本国与世界的相对产出的同步化程度,βct 值越小说明风险分担越完全。因此 1 与 βct 绝对值的差为风险分担系数,这一数值越接近 0 说明风险分担程度越低,越接近 1 说明风险分担程度越高,这里将用东亚经济体 1970—2007 年的面板数据进行回归,计算风险分担系数并绘成曲线,分析东亚金融一体化进程中国际消费风险分担的动态演进。

3. 国际消费风险分担的影响因素

$$\Delta \log c_{it} - \Delta \log C_t = \alpha_t + \mu(\Delta \log y_{it} - \Delta \log Y) + \gamma Ci(\Delta \log y_{it} - \Delta \log Y) + \varepsilon_{it}$$
$$(3\text{-}2)$$

在式 3-2 中,Ci 代表 i 国风险分担的影响因素,包括金融一体化、贸易开放度、金融发展、通胀水平等,i 国的风险分担系数为 1-(μ+γCi),(μ+γCi)越趋于 0 风险分担系数就越大,一般情况下 μ 大于 0,若交织项系数 γ 为负,则 Ci 所代表的因素值越大风险分担系数就越大,跨国风险分担程度就越高。

Kose 等(2007)曾用上述方法研究金融一体化背景下全球的跨国消费风险分担问题,本节将沿用这一方法进行研究,不同之处是以东亚经济体为样本,且对东亚 LFI 和 MFI 两类经济体进行对比分析。

三、东亚国际消费风险分担的测度

1970 年以后东亚各国陆续放松了资本管制,MFI 经济体中日本于 1980 年、新加坡于 1978 年、中国香港于 1972、马来西亚于 1973 年后放松了资本管制;LFI 经济体中印尼于 1971 年、泰国和菲律宾于 1990 年、韩国于 1989 年、中国于 1996 年年底开始放松资本管制。1997 年亚洲金融危机后东亚各国加强了金融合作,推动着东亚金融一体化迈向新的台阶。笔者的统计结果显示东亚各经济体国际资本流动的存量(国外资产与负债之和比 GDP)在 20 世纪 70、80、90 年代平均为 33.96%、44.62%、133.97%,2000—2007 年为 120.18%,国际资本流量(FDI 与国际证券流量之和比 GDP)分别为 5.30%、3.44%、8.06% 和 16.59%。可见东亚以国际资本流动占 GDP 比重表示的金融一体化程度不断提高,以下将对这一进程中东亚的国际消费风险分担进行测度并分析其影响因素。

99

(一)相关性分析

相关性分析通过研究消费和产出的相关性分析跨国消费平滑机会的多少,包括本国消费和本国产出的相关性及本国消费与世界产出的相关性两部分。

1. 本国消费与本国产出的相关性

消费包括居民消费、政府消费及两者相加的总消费,总产出用国民生产总值来表示。计算各时段东亚国家(地区)居民消费、政府消费、总消费的增长率与 GDP 增长率(即产出增长率)的相关

性,各指标均取人均真实值,将这些相关系数按 LFI 和 MFI 经济体取中值,结果如表 3-2 所示①:从总样本分析,各组本国产出与居民消费、总消费的相关性都很高,都在 0.77 以上,政府消费与产出的相关性相对较低。从各年的动态变化可看出 2000 年以后各经济体本国消费与产出的相关性都有所下降,LFI 经济体降幅最大。

表 3-2 东亚经济体各类消费与本国产出的相关性

		1970—2007	1970—1979	1980—1989	1990—1999	2000—2007
居民消费	MFI	0.779	0.888	0.757	0.880	0.697
	LFI	0.775	0.661	0.806	0.829	0.283
政府消费	MFI	0.178	0.352	-0.139	0.440	-0.294
	LFI	0.401	0.125	0.202	0.625	0.388
总消费	MFI	0.770	0.868	0.697	0.851	0.645
	LFI	0.816	0.666	0.889	0.882	0.463

接下来以滚动视窗(Rolling Windows)方法计算相关系数,即分别计算出 1970—1979 年、1971—1980、1972—1981、1973—1982 年…1998—2007 年等时段产出增长率与居民消费、政府消费及总消费增长率的相关系数,将 LFI、MFI 经济体相关系数(各组取中位值)描绘成曲线,可分析其动态变化趋势。分别如图 3-7、图 3-8、图 3-9 所示。

从居民消费及总消费与产出的相关性来看,LFI 经济体在 20 世纪 80 年代一直处于较高水平,90 年代开始下滑,1997 年达历史

① 由于数据不全,中国大陆、中国香港 20 世纪 70 年代不计算相关系数,80 年代的相关系数分别从 1987、1982 年开始计算,计算各年相关系数中位值时将从 LFI 及 MFI 经济体中删除当年数据缺失的国家(地区),下同。

相关系数

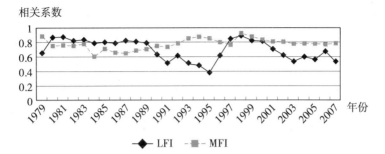

图 3-7　居民消费与国民产出的相关性

相关系数

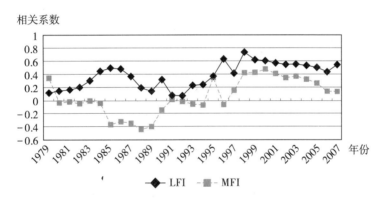

图 3-8　东亚各经济体政府消费与国民产出的相关性

101

相关系数

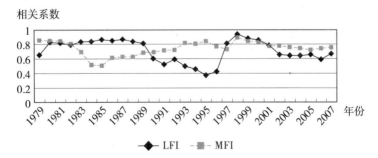

图 3-9　东亚各经济体总消费与国民产出的相关性

最低点 0.4,然后迅速上升,1999 年以后再度降低。MFI 经济体则相对平缓,在 0.6—0.8 上下波动。

从政府消费与产出的相关性来看,LFI 经济体大体可分为两个阶段,1997 年金融危机前相关性相对较低,大多数时期在 0.4 以下,1997 年后则主要在 0.4—0.6 之间。MFI 经济体 1990 年前相关系数也较低,甚至出现负相关,1997 年以后再度升至 0.2—0.4 的区间。在 1997 年前 LFI 与 MFI 经济体的相关系数呈现出相反的走势,当 LFI 经济体政府消费与本国产出相关性提高时,MFI 经济体则降低,1997 年后其变化趋势开始较为相似。

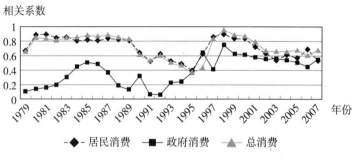

图 3-10 东亚 LFI 经济体产出与消费的相关性

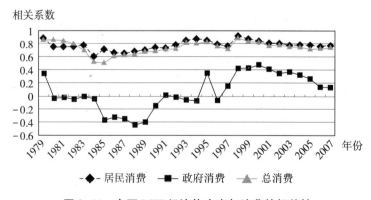

图 3-11 东亚 MFI 经济体产出与消费的相关性

图3-10、图3-11分别描述了LFI、MFI经济体国内消费与产出的相关性。可见两类经济体居民消费、总消费与各自产出的相关性曲线近乎重合。LFI经济体居民消费、总消费与产出相关性在20世纪80年代较高,90年代下降,1997年达最低,然后迅速上升,2000年后又开始降低。政府消费与产出的相关性在1995年前较低,以后略有升高。MFI经济体居民消费及总消费与产出的相关性大多在0.6—0.8范围内波动。1995年前政府消费与产出相关性较低,部分年份呈负相关,1997年后转为正相关。总体波动范围在正负0.4之间。

2. 本国消费与世界产出的相关性

(1)东亚各经济体产出、消费与相应的世界产出、消费间的相关性

Kose,Prasad和Terrones(2007)曾以发达国家的产出代表世界产出,结合东亚的具体情况,这里的世界产出包括三种,分别用美国、日本及东亚发达经济体的综合产出来代表[1]。东亚发达经济体综合产出为日本、新加坡、中国香港及韩国的人均名义GDP,即这四个国家(地区)名义GDP之和除以其人数之和[2]。由于综合通胀率难以计量,当以东亚发达经济体为参照系时各变量取人均名义值,当以美国、日本为世界参照系时各变量均取剔除通胀率后的人均真实值。分析消费相关性时世界消费的参照系选择和计算方法与世界产出相同。

103

---

① 东亚发展中经济体为中国、印尼、马来西亚、菲律宾、泰国,发达经济体为中国香港、日本、韩国、新加坡。划分方法见郑海青:《东亚金融合作制度设计和效应研究》,上海世纪出版集团2009年出版,第33页。

② 东亚发达经济体内的国家(地区)世界参照系为其他三个国家(地区)的综合人均名义GDP。

表3-3　东亚经济体产出、消费与世界(东亚发达经济体)产出、消费的相关性

	经济体	1970—2007	1970—1979	1980—1989	1990—1999	2000—2007
总产出	LFI	0.198	−0.197	−0.008	0.159	0.087
	MFI	0.188	0.044	−0.283	−0.054	0.182
居民消费	LFI	0.138	−0.376	−0.209	0.173	−0.082
	MFI	0.230	0.099	−0.197	0.040	−0.214
政府消费	LFI	0.124	−0.070	0.037	0.182	−0.272
	MFI	0.202	0.079	0.059	0.085	−0.285
总消费	LFI	0.134	−0.339	−0.047	0.132	−0.318
	MFI	0.236	0.169	−0.315	0.004	−0.444

表3-4　东亚经济体产出、消费与世界(美国)产出、消费的相关性

	经济体	1970—2007	1970—1979	1980—1989	1990—1999	2000—2007
总产出	LFI	0.157	0.282	0.246	−0.449	0.513
	MFI	0.227	0.494	−0.010	−0.454	0.694
居民消费	LFI	0.067	−0.108	0.493	−0.318	0.139
	MFI	0.041	0.418	0.000	−0.643	0.476
政府消费	LFI	−0.103	0.126	−0.084	−0.115	−0.291
	MFI	−0.036	0.495	−0.488	−0.206	0.081
总消费	LFI	−0.016	−0.105	0.374	−0.447	−0.002
	MFI	−0.003	0.429	−0.177	−0.608	0.237

表3-5　东亚经济体产出、消费与世界(日本)产出、消费的相关性①

	经济体	1970—2007	1970—1979	1980—1989	1990—1999	2000—2007
总产出	LFI	0.377	0.265	0.311	0.609	0.287
	MFI	0.481	0.491	0.096	0.596	0.891

---

①　以日本为参照系时 MFI 经济体中不包括日本,下同。

续表

居民消费	LFI	0.378	−0.028	0.752	0.123	0.166
	MFI	0.435	0.370	0.020	0.621	0.076
政府消费	LFI	0.380	−0.101	0.010	0.197	0.171
	MFI	0.429	0.052	0.476	0.165	0.503
总消费	LFI	0.386	0.030	0.663	0.249	0.239
	MFI	0.494	0.324	0.278	0.706	0.344

计算结果如表3-3、3-4、3-5所示,其中总产出项描述了东亚经济体的产出增长率与相应的世界产出增长率相关性,其他三项描述了东亚经济体各类消费增长率与相应的世界消费增长率的相关性,表中的相关系数取各经济体的中位值。结果显示当以东亚发达经济体为世界标准时,两类经济体的消费相关性均在2000年以后变为负值;从1970—2007年这一总时段看MFI经济体各类消费与相应世界消费的相关性大于LFI经济体,LFI经济体产出的相关性高于各类消费相关性。当以美国为世界标准时,各经济体2000年以后与世界总消费、世界居民消费及世界总产出的相关性都有所提高;MFI经济2000年后与世界产出、世界消费的相关性都高于LFI经济体;1970—2007年的总时段中两类经济体与世界产出的相关性均高于与世界消费的相关性。当以日本为参照系时,各类相关系数都大幅提高,在大多数时间段内MFI经济体与世界产出及世界各类消费的相关性都高于LFI经济体。

以下将以滚动视窗(Rolling Windows)的方法描述东亚经济体产出、消费增长率和相应的世界产出、消费增长率间的相关性。当以东亚发达经济体为参照系时,如图3-12至图3-15所示,所有的相关性均表现出了较为一致的规律:即从1979年开始缓慢上升,至20世纪80年代中期掉头下行,1995—1997年到达谷底,然后急速上升,1999年以后再度下降。

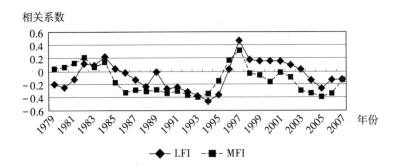

图 3-12 东亚各经济体产出与综合产出相关性

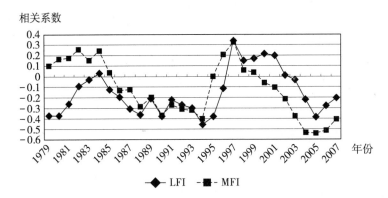

图 3-13 东亚各经济体居民消费与综合居民消费的相关性

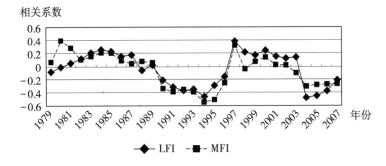

图 3-14 东亚各经济休政府消费与综合政府消费的相关性

相关系数

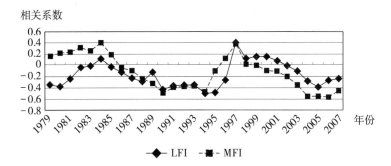

图 3-15　东亚各经济体总消费与综合总消费的相关性

当以美国为参照系时如图 3-16 至图 3-19 所示,各经济体产出与美国产出的相关性从 20 世纪 80 年代开始逐步下滑,到 2000—2001 年达最低值,然后略有上升。各类经济体与美国居民消费、总消费的相关系数在 80 年代较高,以正值为主,90 年代出现正负交替,2000 年以后则全为负值。与美国政府消费的相关性则在大多数年份都为负值。

107

相关系数

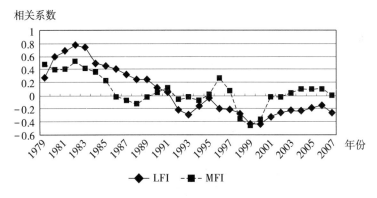

图 3-16　东亚各经济体产出与美国产出的相关性

当以日本为参照系时如图 3-20 至图 3-23 所示,各经济体产出与日本产出的相关性总体较高,1995 年前 LFI 经济体在 0 至 0.4、MFI 经济体在 -0.2 至 0.6 间波动,自 1995 年以后都稳步上

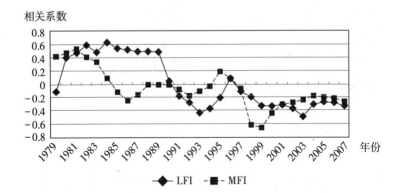

图3-17　东亚各经济体居民消费与美国居民消费的相关性

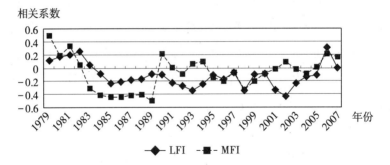

图3-18　东亚各经济体政府消费与美国政府消费的相关性

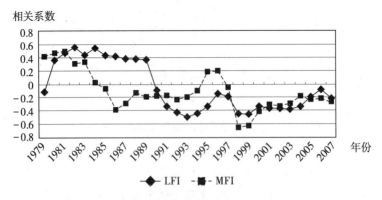

图3-19　东亚各经济体总消费与美国总消费相关性

升,2005—2007 年相关性高达 0.6 以上。从居民消费来看,LFI 经济体在 20 世纪 80 年代与日本相关性较高,90 年代开始下降,1997 年达最低值,然后持续上升,MFI 经济体大多数年份相关性都在 0 至 0.6 范围内波动,2000 年以后两类经济体相关性曲线都达最高水平。LFI 经济体总消费曲线与居民消费曲线类似,MFI 经济体总消费曲线的走势更为平稳,且表现出更高的相关性。从政府消费来看,两类曲线出现了较为一致的走势,80 年代相关性曲线都较为平稳,90 年代都开始下滑且以负相关为主,1997 年后持续上升并转为正相关。

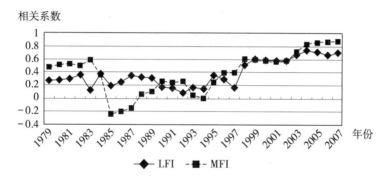

图 3-20 东亚各经济体总产出与日本总产出的相关性

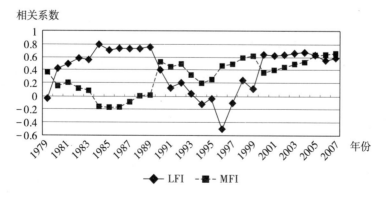

图 3-21 东亚各经济体居民消费与日本居民消费相关性

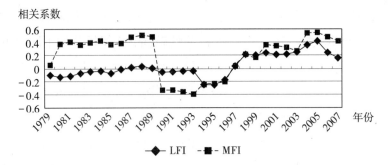

图3-22　东亚各经济体政府消费与日本政府消费的相关性

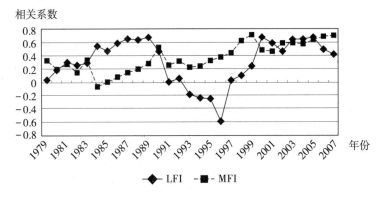

图3-23　东亚各经济体总消费与日本总消费的相关性

（2）东亚各经济体总消费与本国及世界产出的相关性

表3-6　东亚各经济体总消费与本国及世界产出的相关性

		1970—2007	1970—1979	1980—1989	1990—1999	2000—2007
本国产出	LFI	0.816	0.666	0.889	0.882	0.463
	MFI	0.770	0.868	0.697	0.851	0.645
东亚综合产出	LFI	0.143	−0.367	−0.048	0.239	−0.229
	MFI	0.253	0.206	−0.328	0.058	−0.374
美国产出	LFI	0.006	−0.022	0.423	−0.408	0.231
	MFI	0.007	0.490	−0.111	−0.522	0.122

续表

		1970—2007	1970—1979	1980—1989	1990—1999	2000—2007
日本产出	LFI	0.080	-0.014	0.472	0.303	-0.036
	MFI	0.505	0.472	0.304	0.632	0.650

　　表3-6对比了各经济体总消费与相应世界产出的相关性,第一至四行分别计算了本国消费与本国产出、东亚发达经济体综合产出、美国产出、日本产出的相关性,各类经济体的总消费与本国产出相关性都最高,与美国及东亚综合产出的相关性较低,MFI经济体与日本产出相关性较高。

　　再运用滚动视窗法(Rollong Windows)进行研究,LFI和MFI经济体总消费与各类产出的相关性分别如图3-24、3-25所示。LFI经济体总消费与本国产出相关性最高,1998年后与日本产出的相关性持续上升,与综合产出相关性持续下降,与美国产出的相关性则最低,在-0.5左右。MFI经济体总消费也与本国产出相关性最高,在0.5以上,1985年前其他三类相关性曲线差别不大,1985年以后与美国产出和综合产出的相关性在0至-0.5间波动,与日本产出的相关性则逐步上升。

相关系数

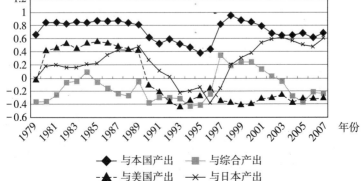

图3-24　东亚LFI经济体总消费与各类产出相关性

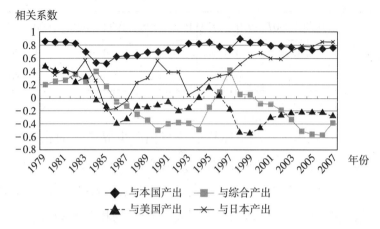

图 3-25　东亚 MFI 经济体总消费与各类产出相关性

东亚各经济体总消费与三类世界参照系产出的相关性分别如图 3-26 至 3-28 所示。可见东亚两类经济体与综合产出的相关性较为相似,从 20 世纪 80 年代中期开始下降,90 年代一直在谷底运行,以负相关为主,东亚金融危机之后开始迅速回升,1999 年以后又持续下降。从与美国产出的相关性来看,主要呈下降趋势,80 年代初期 MFI 经济体总消费与美国产出的相关性最高,中期下降至负值,以后在大多数年份一直呈现负值;LFI 经济体总消费与美国产出相关性则持续下降,从 1991 年后转为负相关。从与日本产出的相关性来看,LFI 经济体在 80 年代缓步上升,90 年代开始下滑,1994—1998 年一直在谷底运行并出现负值,1999 年以后开始回升;MFI 经济体 1995 年前一直在-0.2 至 0.6 范围内波动,此后开始持续上升。

3. 东亚经济体风险分担相关性分析的综合结论

一个完全的风险分担市场消费与产出的相关性应有以下特点:国内产出与消费相关性很弱或不相关;跨国的消费相关性很高;跨国消费的相关性明显高于跨国产出的相关性;国内消费与世界产出的相关性远高于与国民产出的相关性。按以上的标准来衡

相关系数

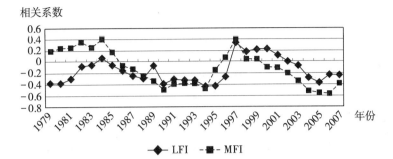

图 3-26 东亚各经济体总消费与综合产出的相关性

相关系数

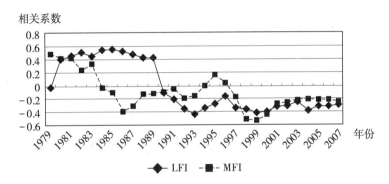

图 3-27 东亚各经济体总消费与美国产出的相关性

113

相关系数

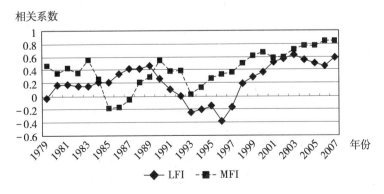

图 3-28 东亚各经济体总消费与日本产出的相关性

量东亚各经济体的风险分担,结论如下:东亚各经济体本国产出与居民消费、总消费的相关性都很高,平均在 0.77 以上,2000 年以后各经济体本国消费与产出的相关性都有所下降,LFI 经济体居民消费、总消费与本国产出相关性的降幅最大;东亚 LFI、MFI 经济体总消费与世界总消费的相关性,以东亚四国为参照系时分别为 0.134、和 0.236,以美国为参照系时分别为 -0.016 和 -0.003,以日本为参照系时分别为 0.386 和 0.494,可见各经济体跨国总消费相关性不高,以日本为参照系时相对较高。对比 1970—2007 年跨国消费与跨国产出的相关性可以看出,以东亚四个发达国家为参照系时,只有 MFI 经济体跨国总消费的相关性高于跨国总产出的相关性,以美国为参照系时各经济体跨国总消费的相关性显著低于产出相关性;以日本为参照系时两类相关性差别不大,总体而言不能得出东亚经济体跨国总消费的相关性高于跨国产出相关性的结论。无论取何参照系,东亚各类经济体的总消费与世界产出的相关性都低于与本国产出的相关性。

综上所述,从产出与消费的相关性来看,东亚各经济体的消费都与本国产出的相关性较高,跨国消费相关性不高,跨国产出相关性在大多数情况下都高于跨国消费相关性,国内消费与国民产出的相关性高于与世界产出的相关性,因此东亚的跨国风险分担效果并不理想。这种分担效应与参照系的选择有一定关系,1995 年以后各类经济体总消费与日本产出的相关性都持续上升。可见东亚各国从金融一体化中并未获得很理想的风险平滑收益,但与日本的风险平滑机会相对较多,并且有逐步增加的趋势。

(二)东亚经济体跨国风险分担的回归分析

Kose,Prasad and Terrones(2007)分别对经典的风险分担方程(式3-1)进行了截面回归、时间序列回归和面板数据回归,分析了全球的跨国风险分担,这里将用这一方法对东亚经济体的风险分担进行研究,世界参照系分别取日本和美国。

1. 东亚经济体的风险分担——截面回归

根据式 3-1,分别以美国和日本为参照系对每年东亚各国(地区)的截面数据进行回归,求出各年的风险分担系数,再将这些风险分担系数做十年的移动平均绘成曲线如图 3-29 所示[①]。可见两条曲线都在 0.25 以下波动,一直持续下滑,至 2000 年以后一直在谷底运行,风险分担系数在 0.05 以下,2003 年以后才有所回升,说明东亚整体风险分担效果并不理想,动态来看风险分担机会有减少趋势。

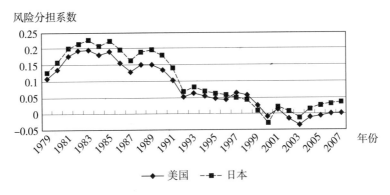

风险分担系数

图 3-29　东亚经济体的风险分担(截面回归)

2. 东亚经济体的风险分担——时间序列回归

根据式 3-1,对东亚各国(地区)的数据进行十年的滚动回归,即对 i 国(地区)1970—1979、1971—1980⋯1998—2007 年的时间序列数据进行回归,将各国各时间的风险分担系数按总样本、LFI 经济体、MFI 经济体取中值绘成曲线,如图 3-30 至 3-32 所示。无论哪一组中东亚经济体与美国的风险分担系数在大多数年份都高于与日本的风险分担系数,总样本的风险分担系数低于 0.25 且呈现下降趋势,可见总体而言东亚经济体的国际风险分担效果并不理想。

① 具体算法是以东亚 9 个国家(地区)为总样本,通过回归分析计算出东亚 1970—2007 各年的风险分担系数,再做移动平均,如图中 1979、1980 年的数据分别为 1970—1979、1971—1980 年风险分担系数的均值,其余类推。由于回归方程样本较少,故没有进行分组,只给出了总样本的分析结果。

LFI 经济体与美国、日本的风险分担系数都较低；MFI 经济体的与美国和日本的风险分担系数总体高于 LFI 经济体且呈下降趋势。

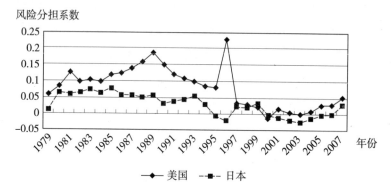

图 3-30　东亚经济体的风险分担（时间序列回归）

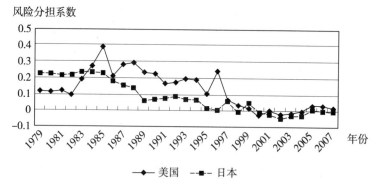

图 3-31　东亚 MFI 经济体的风险分担（时间序列回归）

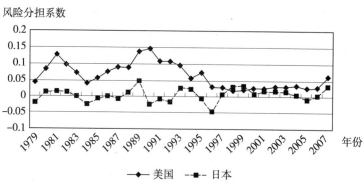

图 3-32　东亚 LFI 经济体的风险分担（时间序列回归）

3. 东亚经济风险分担——面板数据回归

根据式 3-1,对包含时间序列和截面数据的面板数据进行分析,从 1970—1979 年开始,以后依次为 1971—1980 年、1972—1981 年…1998—2007 年,对各时段东亚整体、LFI 经济体、MFI 经济体的数据分别进行面板数据回归,所得的结果如图 3-33 至 3-35 所示。可见,多数年份东亚两类经济体与美国的风险分担程度高于日本,其风险分担系数都呈下降趋势,1997 年后一直处于最低水平,MFI 比 LFI 经济体的下降速度更快。

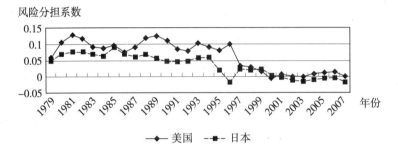

图 3-33　东亚经济体的风险分担(面板数据回归)

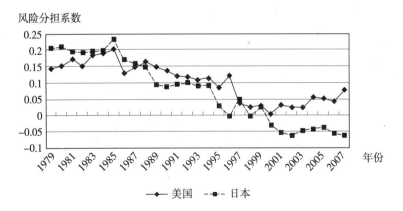

图 3-34　东亚 MFI 经济体的风险分担(面板数据回归)

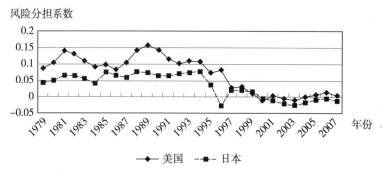

图 3-35　东亚 **LFI** 经济体的风险分担（面板数据回归）

四、东亚跨国风险分担效应的影响因素

以下将根据式 3-2 分析金融一体化、贸易开放度、通胀水平、金融发展水平对东亚跨国风险分担的影响。在实证方法上假设存在截面异方差和同期相关，采用广义最小二乘法对相应的面板数据模型进行估计。为研究不同种类外资的作用，金融一体化变量包括四类指标，分别为国外存量资产、国外存量负债、FDI 总流量、国际证券投资总流量占 GDP 的比重。贸易开放度用一国进出口总额与 GDP 之比表示；金融发展水平用中央银行和商业银行对私人部门的信贷和与 GDP 之比表示；通胀率用消费价格指数的环比增长率表示。C_i 代表 i 国（地区）风险分担影响因素的数值[①]，世界产出分别以美国、日本为参照系。表 3-7 列出了总样本、LFI 及 MFI 经济体各回归方程的产出项系数 μ、交织项系数 γ 及调整后的决定系数，可见 $\mu>0$，若 $\gamma<0$，则 C_i 所代表的因素值越大跨国风险分担程度就越高；若 $\gamma>0$，则 C_i 所代表的因素值越低跨国风险分担程度就越高。

从理论上讲，那些金融一体化及贸易开放度较高、金融发展水

① 每一国家（地区）的因素值取该国（地区）1970—2007 年的均值，部分数据起始时间较晚的国家（地区）将相应缩小计算年份。

平较高、通胀水平较低的国家(地区)应有更理想的国际消费风险分担,我们的实证结论在一定程度上支持了理论预期。可以看出,对于东亚总体而言,无论以美国还是以日本为参照系,金融一体化、贸易开放度的交织项均显著为负,说明这两个因素水平越高的经济体所获得的国际消费平滑机会就越多。金融发展交织项的系数也为负,当以日本为参照系时具有显著性。通货膨胀的交织项系数显著为正,说明该因素值越低的经济体从金融一体化中所获得的风险分担效应越大。国际资本类型的差别对上述实证结论没有影响。

当以美国为世界参照系时,东亚 LFI 和 MFI 经济体表现出明显差异:金融一体化、贸易开放度对 MFI 经济体的跨国风险分担有显著的正向影响,对 LFI 经济体则不显著。按笔者的统计数据,MFI 经济体 1970—2007 年的国外资产、国外负债、FDI 流量、国际证券流量占 GDP 比重平均分别为 103.18%、60.09%、9.57%、6.74%,而 LFI 经济体仅为 19.54%、10.62%、1.69%、1.25%;贸易开放度前者为 158.58%,后者仅 52.23%。由此说明金融一体化与贸易开放都有一定的"门槛"效应,当高达一定程度时才可能使风险分担水平得到显著提升,在此水平之下对于跨国风险分担则无显著影响。

从金融发展来看,以美国为参照系的实证结果表明在私人信贷占 GDP 比重平均仅为 56.20% 的 LFI 经济体中,金融发展水平越高跨国消费平滑机会也越多,而在该比例高达 110.60% 的 MFI 经济体中则恰好相反。东亚的消费平滑更多依靠以银行为中介的信贷市场,而在银行体系较为脆弱、信贷市场不完善的前提下,信贷资金配置效率较低,金融风险也较高,以信贷规模度量的金融发展对国际消费风险分担具有"双刃剑"的作用:当金融发展水平较低时,信贷规模的扩大可提供更多的消费平滑机会,但同时金融风险也在积聚,随着信贷规模的不断扩张,当这种风险积累到一定程

度时便会阻碍消费平滑水平的进一步提高。在 LFI 经济体中,通胀水平越高消费平滑机会越少,MFI 经济体中这一因素不具显著性,前者平均通胀率为 8.78%,而后者仅 3.71%,可见当通胀率高达一定程度时也会对跨国风险分担产生一定的阻碍作用。

表 3-7　各类因素对东亚经济体国际消费风险分担的影响(1970—2007 年)

			金融一体化				其他因素		
			国外资产	国外负债	FDI 流量	国际证券流量	贸易开放度	金融发展	通货膨胀
美国	总样本	产出	0.963***	0.958***	0.967***	0.959***	1.009***	0.971***	0.871***
		交织项	-0.0003***	-0.0004*	-0.492***	-0.278*	-0.085***	-0.033	1.098***
		决定系数	0.958	0.957	0.959	0.957	0.961	0.955	0.956
	LFI	产出	1.016***	0.928***	1.005***	0.984***	1.018***	1.062***	0.849***
		交织项	-0.003	0.003	-0.287	-0.168	-0.100	-0.168***	1.087***
		决定系数	0.959	0.958	0.959	0.959	0.959	0.960	0.960
	MFI	产出	0.953	0.949	0.954	0.954	0.988	0.862	0.936
		交织项	-0.0004**	-0.0004**	-0.450***	-0.361*	-0.075***	0.068***	0.094
		决定系数	0.955	0.954	0.956	0.954	0.958	0.953	0.951
日本	总样本	产出	0.977	0.976	0.980	0.974	1.013	1.033	0.856
		交织项	-0.0003***	-0.014***	-0.346***	-0.265**	-0.064***	-0.106***	1.068***
		决定系数	0.958	0.958	0.958	0.958	0.960	0.958	0.959
	LFI	产出	1.000***	1.027***	0.976***	1.011***	1.067***	0.979***	0.968***
		交织项	-0.001	-0.145	0.498	-0.110	-0.163	0.009	0.184
		决定系数	0.972	0.971	0.972	0.972	0.972	0.971	0.971
	MFI	产出	0.840***	0.841***	0.836***	0.842***	0.830***	0.814***	0.811***
		交织项	0.0001	0.005	0.109	0.094	0.011	0.039	1.150
		决定系数	0.906	0.905	0.906	0.905	0.906	0.905	0.905

五、结论及政策建议

(一)东亚国际消费风险分担水平较低

本节的相关性分析显示东亚经济体各类消费与本国产出的相

关性较高,跨国消费相关性不高,跨国产出相关性在大多数情况下都高于跨国消费相关性,国内消费与国民产出的相关性高于与世界产出的相关性,这与理论预期的相关性相悖。然后运用经典的风险分担模型计算了风险分担系数,结论与相关性分析相一致:国际消费风险分担系数在0.25以下且呈下滑趋势。可见,虽然传统的理论模型认为金融一体化会带来更多的消费平滑机会,使本国消费的波动从产出波动中分离出来,但东亚的金融一体化并未有效促进成员国的消费风险分担。

(二)东亚国际风险分担水平较低的成因

本节的实证结论说明对于东亚总体而言,无论以美国还是以日本为参照系,金融一体化、贸易开放度及金融发展水平较高、通胀水平较低的经济体国际消费平滑机会也更多,国际资本类型的差别对上述实证结论没有影响。从这些因素出发也可在一定程度上解释东亚跨国消费风险分担度较低的现象:第一,东亚金融一体化程度虽有所提高但整体水平较低,未达到能促进消费风险分担的"门槛"水平,消费平滑的机会也十分有限。第二,东亚的贸易开放度较低,仍然有很多关税和非关税的贸易壁垒存在,提高了消费平滑的交易成本。第三,东亚各国的金融发展水平较低,跨国金融服务的广度和深度不足、金融市场不发达,金融工具品种不丰富,使得通过借贷和证券投资进行风险分担的机会大大减少。第四,东亚区内生产要素的流动性较差,商品中的非贸易品也占有一定比重,使得一些冲击无法通过跨国风险分担来进行平滑。

(三)LFI 和 MFI 经济体的对比分析

东亚跨国风险分担程度整体较低,MFI 和 LFI 经济体并无显著差异。然而从东亚与美国消费平滑的影响因素来看两者存在显著差异:MFI 经济体的金融一体化及贸易开放度高于 LFI 经济体,跨国风险分担与其也显著正相关,而 LFI 经济体则不显著,可见这两类因素需要达到一定水平才会对消费平滑产生影响,具有"门

121

槛"效应;金融发展在信贷规模较低的 LFI 经济体中促进了跨国风险分担,而在信贷规模相对较高的 MFI 经济体中则产生了抑制作用,说明在东亚信贷配置效率低下、信贷风险较高的前提下,金融发展对国际消费平滑起到了"双刃剑"的作用:低于一定水平的信贷扩张会提供更多的消费平滑机会,但若不及时控制不断积聚的金融风险,更多的信贷投放可能会抑制跨国消费平滑。

(四)促进东亚国际消费风险分担的政策措施

针对以上分析,东亚各国应从多方面入手构建完善的跨国风险分担机制,在东亚金融一体化的进程中推动国际消费风险分担。具体措施如下:

一是完善市场环境,这里的市场包括信贷市场、债券市场和股票市场。首先,东亚的跨国风险平滑更多依靠信贷市场,因此发展东亚信贷市场,加强政府协作,减少信贷市场的信息不对称;其次,在东亚的跨国风险分担中区域资本市场的作用微乎其微,因此各成员国应加强合作,促进亚洲债券市场的统一,完善亚洲债券基金,逐步提升股票市场的合作层次,推进区域债券市场和股票市场建设。

二是在培育市场主体的同时积极发挥政府职能。首先要降低银行体系的脆弱性,脆弱的银行体系造成金融风险的积聚,阻碍了国际消费风险分担,因此应加强东亚银行治理,积极培育资质较高的跨国市场主体和中介服务体系,降低跨国借贷的流动性风险、操作风险和违约风险;其次要构建和发展财政转移支付体系,发挥各国政府在消费和收入平滑中的作用,东亚成员国应完善各自的财政转移支付制度,在沟通和协作的基础上强化东亚区内的转移支付,设立相应的国际组织和专项的基金来承担这一职能,作为东亚市场化跨国风险分担的有效补充。

三是提高商品和生产要素流动性,降低消费平滑的交易成本。一方面要降低关税和非关税等贸易壁垒,推动更深层次的东亚贸易一体化,降低贸易品的交易成本;另一方面要提高生产要素尤其是劳动力的流动性,在共同协商的基础上鼓励劳动力的国际流动,降低要素流动的交易成本,以便于更有效地分散外界冲击,提高国际消费风险分担水平。

本章小结

本章从国际资本流动及风险分担的角度度量了东亚金融一体化。

第一,运用数量法从国际资本流动角度分析了东亚金融一体化。从存量指标来看,MFI 与 LFI 经济体的开放度差在 20 世纪 80 年代中期开始拉大,MFI 经济体 90 年代后的两个存量指标都在高位运行,LFI 经济体资本总存量指标在 1995 年后开始缓慢上升。从流量指标来看,MFI 经济体总流量自 90 年代开始迅速攀升,外资流入量指标自 1998 年以后有波动式上升趋势,LFI 经济体的两类指标则大都在 5% 以下运行。MFI 经济体国际直接投资、证券投资占 GDP 比重自 1998 年以后开始上升,LFI 经济体两类流量指标自 2000 年以后开始上升,但总体仍处于较低水平。综上,从资本流动角度分析,东亚金融一体化程度逐步提高,尤其是 1998 年金融危机后增速较大,MFI 经济体远高于 LFI 经济体。

第二,从跨国风险分担的角度测度了东亚金融一体化。一是相关性分析,分别研究东亚成员国本国消费和本国产出、本国消费和世界产出的相关性,世界产出以美国、日本及东亚发达经济体为参照系,结论是东亚各经济体跨国消费相关性不高,跨国产出相关性在大多数情况下都高于跨国消费相关性,国内消费与国民产出的相关性高于与世界产出的相关性,因此东亚经济体的跨国风险分担效果并不理想。二是回归分析,在完全风险分担的市场上,无

论产出如何变化,各国消费波动应与世界消费整体波动相一致,因此以本国消费相对于世界消费增长率的差别为因变量,以本国产出相对于世界产出增长率的差别为自变量构建回归方程,其回归系数应趋于零,笔者分别以美国、日本为世界参照系,动态研究了东亚总样本和两类经济体风险分担系数(1 与回归系数绝对值之差)的变化规律,结论与相关性分析一致:即东亚经济体各组别的风险分担程度都较低。最后研究金融一体化、贸易开放度、金融发展水平及通胀水平对东亚跨国风险分担的影响,从东亚整体来看金融一体化、对外贸易开放度和金融发展水平的提高、通胀率的降低都会促进跨国的风险分担;东亚跨国风险分担度低的原因与金融一体化及贸易开放度未达"门槛"水平,金融发展水平较低及要素流动性较差有关;提高东亚的跨国风险分担水平应从完善市场环境、培育市场主体、发挥政府职能、提高商品和要素流动性方面采取措施。

第四章　东亚金融一体化宏观效应分析

本章主要研究东亚金融一体化的宏观效应及实现条件。金融一体化可以通过平衡资本供需、促进国际风险分担、技术进步及经济金融环境的优化促进经济增长,平抑经济波动。然而这种宏观效应的实现需要相应的条件,包括金融体系的发展水平、制度和政策环境、贸易一体化程度等。本章将研究金融一体化对东亚各国(地区)经济增长和经济稳定性的影响,以及使东亚金融一体化发挥积极宏观效应的基础条件。

第一节　东亚金融一体化与经济增长

一、相关文献综述

有关金融一体化与经济增长关系的观点主要分为两方面:一是认为金融一体化会促进经济增长,二是认为两者的关系并不确定。以下将对这两类观点进行概述。

(一)金融一体化促进经济增长

金融一体化所带来的资金自由流动能够有效平衡国际资本供求的结构性矛盾,提高投资水平和资本配置效率,促进经济增长。

Fisher(1998)认为在资本由富裕国家流向贫困国家的过程中,资本配置效率得以提高,进而增加了福利水平,推动了经济增长。国际资产定价模型说明金融一体化会提高风险配置水平,风险的分散化会刺激企业更多地投资从而促进经济增长,且资本的流动会提高本国股市的流动性,从而减少风险溢价,降低企业的筹资成本。

金融一体化可使各国居民、企业及国家通过全球范围的风险分散平滑跨期消费与投资,减少经济波动。跨国消费相关性的提高会降低各国消费的波动,跨国投资可以丰富资产组合的品种,降低投资风险,给消费者和投资者带来福利。Wincoop(1999)认为OECD 国家通过风险分担所获得的消费福利为 1.1%—3.5%(以50 年期恒久消费为基准);Athanasoulis 和 Wincoop(2000)计算出发展中国家为 6.5%;Mercereau(2006)根据 Lweis(2000)的投资福利方程计算了亚洲各国的投资福利水平,结论是这些国家都从金融一体化中获得了显著收益。

金融一体化会通过改善一国的金融体系促进经济增长。金融一体化使国内银行更易进入国际资本市场,有利于银行监管水平的提高、确定合理的制度构架和国内银行的技术革新,外资银行参与竞争也可提高国内金融机构的服务水平,促进金融资源的优化配置,促进本国金融体系的发展。Bailiu(2000)和 Klein(2006)的研究表明在一体化的经济体中,资本账户开放国家的金融机构比资本管制国有更好的发展。

在此基础上,Kose、Prasad、Rogoff、Wei(2006)对金融一体化推动经济增长的渠道进行了归纳:一是直接渠道,包括上述促进国际资本的有效配置、国际风险分担、金融行业发展以及降低资本成本等;二是间接渠道,包括提高专业化分工水平、引进优惠政策、推动技术进步等。崔远淼(2006)进一步从两个方面总结了金融一体化促进经济增长的机制;一是投入型的量的增长,即金融一体化通过吸引外资、促进一国资本积累推动经济增长,属于粗放型增长效应;二是效率型的质的增长,即金融一体化通过提高国内经济和金融运行效率促进经济增长,属于集约型增长效应。两种机制的优劣视一国的经济发展情况而定,当处于经济发展初期时,资本积累较为重要,粗放型增长机制较为有效;当资本积累到一定程度、资本边际效率下降时集约型增长机制则更为重要①。

(二)金融一体化对经济增长的不确定影响

也有学者认为金融一体化对经济增长的影响并不确定,其到底能否推动经济增长取决于其他的一些因素,较有代表性的主要包括三类观点:一是认为受全要素生产率的影响,Prasad,Rogoff,Wei 和 Kose(2004)认为各国全要素生产率的差异会影响金融一体化作用于经济增长的程度,金融一体化可能会打开外来资本进入之门,但靠其本身并不会带来经济的繁荣,如果吸收利用不当可能会导致本国资本的撤出而制约经济增长。二是认为受"门槛"条件的影响,Kose、Prasad、Rogoff、Wei(2006)认为一个国家的初始条件决定着金融一体化与经济增长的关系,这些初始条件包括金融市场发展水平、制度环境、宏观政策的稳定性及贸易一体化程度等,只有当这些初始条件达到一定水平时金融一体化才会推动经济增长,否则会加大风险,对经济增长也会带来不确定的影响,很多发展中国家的初始条件都低于这一"门槛"水平,制约了金融一体化积极效果的发挥。三是认为与所处的金融一体化具体阶段有关,Fratzscher and Bussiere(2004)认为金融一体化与经济增长的关系可分为三个阶段,初期是有收益的,尤其是在那些信贷市场不完善的国家,资本的迅速流入会引起经济增长,但同时也积聚了信贷风险,到中期这种风险就会凸显,抑制经济的增长,带来经济的波动,只有到一个较长时期金融一体化才会对经济增长发挥正向促

127

---

① 崔远淼:《金融一体化与经济稳定增长:机制、条件及理性选择》,《改革》2006年第7期,第45页。

进作用。

在上述研究基础上,Kose、Prasad、Rogoff、Wei(2006)对金融一体化与经济增长的实证关系进行了归纳。实证研究中金融一体化的测度主要运用了数量法和限制法,实证研究方法包括回归分析、固定和随机效应的面板数据分析、运用广义矩估计的动态面板数据分析等,主要结果分为三类:不相关、混合相关(正相关但受具体经济条件制约)以及完全的正相关。在他们所调查的十八项研究中,正相关占到七项,其余为混合相关,可见混合相关在实证上获得了较好的支持。此外也有一些研究显示金融一体化与经济增长不相关,如 Edwards(2001),O'Donnell(2001),Edison、Levine、Ricci 和 Sløk(2002)等的分析。样本的选取、金融一体化度量方法的选择、计量模型的差别都会对实证研究结果产生影响。同类文献中以东亚经济体为样本的研究较为少见,本节将运用面板数据模型研究东亚金融一体化与经济增长的关系及影响因素,并对金融一体化程度较高和较低的东亚经济体进行对比分析。

128

二、指标选取及实证方法说明

本节将从国际资本流动的宏观视角出发,用数量法度量东亚金融一体化,研究其与经济增长的关系及影响因素,数据来源、变量选取及实证分析方法如下①:

(一)主要变量

第一,金融一体化变量。根据国际资本存量和流量构建指标衡量金融市场一体化程度,包括四类指标:一是外资总存量,即国外存量资产和负债之和占 GDP 的比重;二是外资流入存量,即国

① 分析中的变量选择及实证方法参考 Edison、Levine、Ricci 和 Sløk(2002)的研究。

外负债存量比 GDP;三是外资总流量,即资本流入和流出的总量与 GDP 之比;四是外资流入量,即资本流入量与 GDP 之比;五是直接投资流量,即 FDI 流入流出量之和比 GDP;六是间接投资流量,即证券投资流入流出量之和比 GDP。后两个指标主要考察外资流量的类型对于经济增长和金融一体化关系是否会产生影响。

第二,其他变量。经济增长变量用人均真实 GDP 增长率表示。金融一体化与经济增长的关系会受到一个国家的富裕程度、金融发展水平、宏观经济政策等因素的影响,这里选取三个控制变量:一是收入水平,代表一个国家的富裕程度,取各国真实人均 GDP 的对数,以美元为单位。二是政府净收支,表示一国宏观财政政策,用政府经营活动所产生的现金净收支与 GDP 的比值表示,正值表示盈余,负值表示赤字。三是金融发展水平,用中央银行和商业银行对私人部门的信贷和与 GDP 之比表示。

129

(二)样本选取及数据来源

样本中所包括的国家和地区为:东盟五国(印度尼西亚、菲律宾、马来西亚、泰国、新加坡)、中国、日本、韩国和中国香港,取这九个国家(地区)1970—2007 年的面板数据进行分析[①],数据全部来自 IMF 的 IFS 数据库。按金融一体化程度把上述经济体分为两组,MFI 经济体为日本、马来西亚、新加坡、中国香港;LFI 经济体为印尼、韩国、中国、菲律宾、泰国。

(三)实证研究方法

Edison,Levine,Ricci 和 Sløk(2002)曾用式 4-1 分析了金融一

---

① 部分样本数据不全,中国大陆和中国香港人均真实 GDP 起始时间分别为 1987 年和 1982 年;中国香港没有政府净收支数据,凡与该变量有关的计算和回归分析都不包括中国香港。中国大陆和中国香港金融一体化存量指标的起始时间分别为 1985 年和 1991 年,金融一体化流量指标的起始时间分别为 1982 年和 1998 年。

体化与经济增长的关系及其影响因素,其中 GROWTHit 表示样本国的经济增长,IFIit 表示样本国的金融一体化指标,Xit 表示样本国的控制变量矩阵。

$$GROWTH_{it} = \alpha + \beta IFI_{it} + \gamma X_{it} + \varepsilon_{it} \tag{4-1}$$

用式4-2分析经济、金融、制度及政策环境对金融一体化与经济增长关系的影响,其中 x 表示控制变量 X 中的一种。

$$GROWTH_{it} = \alpha + \beta IFI_{it} + \theta(ifi_{it} * x_{it}) + \gamma X_{it} + \varepsilon_{it} \tag{4-2}$$

式4-3为式4-2的差分方程,假设 x 为政府净收支,如果 θ>0,说明在那些政府净收支较高的国家(地区)金融一体化会对经济增长有更强的正向推动作用(β>0),或者对经济增长的抑制作用会削弱(β<0),反之亦反是。这里的控制变量 X 包括政府净收支、收入水平和金融发展水平。

$$\partial GROWTH_{it} / \partial IFI_{it} = \beta + \theta * x_{it} \tag{4-3}$$

这里将沿用 Edison,Levine,Ricci & Sløk(2002)的方法研究东亚金融一体化与经济增长关系及影响因素。在实证方法上假设存在截面异方差和同期相关,采用广义最小二乘法对相应的非平衡面板数据模型进行估计。

三、描述性统计

(一)各变量的统计分析及相关性

表4-1　各变量的描述统计

	均值	中位值	最大值	最小值	标准差	偏度	峰度	样本数
真实人均 GDP 增长率(%)	4.835	4.857	23.127	-16.652	6.084	-0.099	3.905	306
国外资产负债和/GDP(%)	89.166	35.320	1132.639	4.738	167.062	3.744	17.829	290
国外负债/GDP(%)	31.941	9.842	530.679	0.000	71.467	4.512	24.962	297

续表

	均值	中位值	最大值	最小值	标准差	偏度	峰度	样本数
资本总流量/GDP(%)	8.597	4.247	129.667	4.471	16.096	4.258	25.046	257
资本流入量/GDP(%)	4.921	3.266	64.314	4.471	7.777	4.602	31.130	260
直接投资流量/GDP(%)	5.066	2.053	71.933	-3.149	9.099	3.874	21.590	259
间接投资流量/GDP(%)	3.611	1.142	73.906	-2.161	7.840	4.865	34.798	258
私人信贷/GDP(%)	79.751	75.782	199.351	9.681	46.281	0.497	2.351	298
政府净收支/GDP(%)	-0.664	-1.162	16.110	-16.653	4.555	0.801	6.031	229
真实人均GDP对数($)	1.679	1.607	2.597	0.822	0.502	0.193	1.905	308

表 4-2　各变量相关性统计

	真实人均GDP增长率	资本总存量	外资流入存量	资本总流量	资本流入量	国际直接投资	国际证券投资	金融发展	政府净收支	收入水平
真实人均GDP增长率	1									
资本总存量	-0.280	1								
外资流入存量	-0.402	0.898	1							
资本总流量	0.058	0.384	0.245	1						
资本流入量	0.091	0.227	0.125	0.953	1					
国际直接投资	0.080	0.193	0.066	0.905	0.929	1				
国际证券投资	0.131	0.588	0.458	0.729	0.585	0.451	1			
金融发展	-0.217	0.935	0.865	0.224	0.087	0.030	0.457	1		
政府净收支	0.193	0.478	0.347	0.499	0.444	0.354	0.681	0.492	1	
收入水平	0.195	0.241	0.185	0.155	0.107	0.010	0.497	0.050	0.337	1

131

由表 4-2 可以看出,一个国家的收入水平、金融发展水平及

政府净收支都与六种方式表述的金融一体化程度正相关,说明一个国家越富裕、金融发展水平和政府管理效率越高其金融一体化程度也就越高。然而金融一体化与经济增长的关系并不明朗:经济增长与以存量表示的金融一体化指标负相关,与以流量表示的金融一体化指标正相关,但相关性较弱。

(二)金融一体化存量指标与经济增长的关系

将总样本、LFI 和 MFI 经济体 1980—2007 年的金融一体化存量指标及经济增长指标取中位值,绘成曲线如图 4-1 至 4-3 所示①。从总样本来看,资本总存量与外资流入存量都有逐年上升的趋势,资本总存量的波动幅度高于外资流入存量,二者的峰值出现于 1997 年前后,但此是正是经济增长率最低的时期;LFI 经济体的波动曲线与总样本较为类似。相对而言,MFI 经济体经济增长率变动非常平稳,而以存量表示的金融一体化程度始终保持稳步上升的态势,面对 1997 年亚洲金融危机的扰动表现出了较强的抗干扰能力。

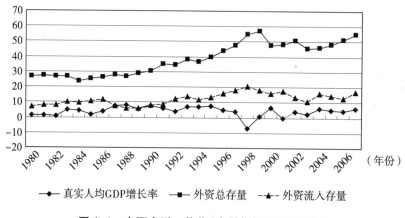

图 4-1 东亚金融一体化(存量指标)与经济增长

---

① 计算各组每年中位值时将删除当年数据缺失的国家(地区),下同。

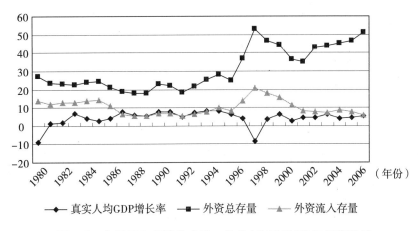

图4-2 东亚 LFI 经济体金融一体化（存量指标）与经济增长

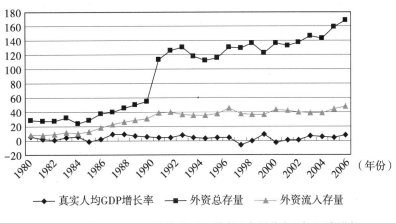

图4-3 东亚 MFI 经济体金融一体化（存量指标）与经济增长

（三）金融一体化流量指标与经济增长的关系

将总样本、LFI 和 MFI 经济体 1980—2007 年的金融一体化流量指标及经济增长指标取中位值,如图 4-4 至 4-6 所示。从总样本分析两条以流量表示的金融一体化曲线基本重合,东亚的金融一体化在 20 世纪 80 年代处于谷底,90 年代呈上升态势,在整个过程中经济增长与金融一体化并未表现出明显的相关性。LFI 经济体两条一体化曲线表现出了不同的运动轨迹:外资总流量先升

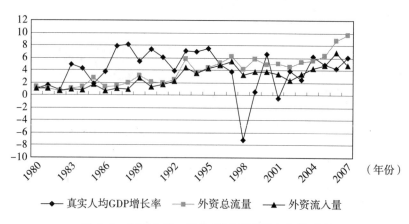

图 4-4　东亚金融一体化（流量指标）与经济增长

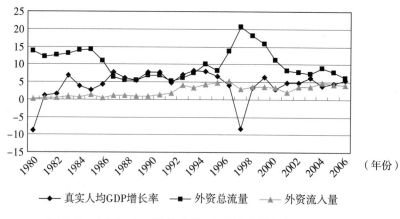

图 4-5　东亚 LFI 经济体金融一体化（流量指标）与经济增长

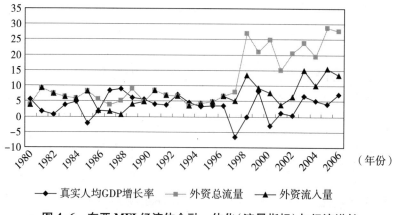

图 4-6　东亚 MFI 经济体金融一体化（流量指标）与经济增长

后降,然后在低位运行,1996 年开始回升,至 1998 年达到峰值,然后再度下降;外资流入量一直较为平稳,1990 年以后开始小幅上升;经济增长与外资总流量除在 20 世纪 80 年代中期到 90 年代中期一度重合外,其余阶段都呈相反走势。MFI 经济体在 1998 年以前两条金融一体化的曲线近似重合,大都在 5%—10% 的区间内波动,1998 年以后则出现分化,外资总流量显著增加,外资流入量则小幅攀升;在 1997 年前的多数时期经济增长与以流量表示的金融一体化走势相反,1997 年后则表现出相似的走势。

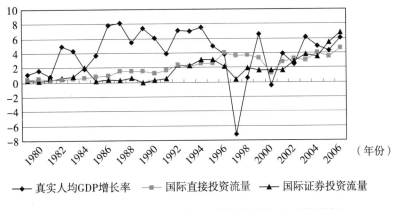

图 4-7　东亚金融一体化(流量类型指标)与经济增长

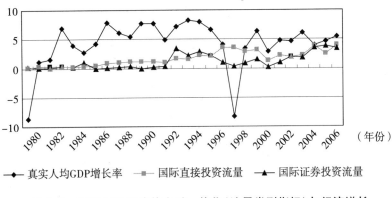

图 4-8　东亚 LFI 经济体金融一体化(流量类型指标)与经济增长

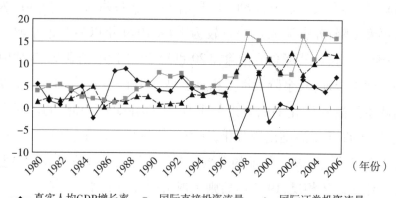

真实人均GDP增长率 ■ 国际直接投资流量 ▲ 国际证券投资流量

图4-9   东亚MFI经济体金融一体化（流量类型指标）与经济增长

将总样本、LFI和MFI经济体1980—2007年的国际直接投资流量、国际证券投资流量指标及经济增长指标取中位值，如图4-7至4-9所示。从总样本看，国际直接投资和证券投资的流量较低，大都在5%的范围内窄幅波动，1997年前金融一体化与经济增长相关性不大，2000年后则表现出了相似的上升趋势；LFI经济体与总样本类似。MFI经济体代表金融一体化的两条曲线在1998年后都有较大升幅，国际直接投资和证券投资占GDP比例分别达到10%和15%以上，1998年后国际证券投资流量与经济增长走势相反，直接投资流量则出现了与经济增长相似的走势。

四、实证研究结果

（一）金融一体化与经济增长的关系

将东亚经济体划分成总样本、LFI经济体和MFI经济体三组，运用公式4-1对三组样本1970—2007年的非平衡面板数据用广义最小二乘法进行估计（假设存在截面异方差和同期相关），结果如表4-3、4-4、4-5所示。

表4-3　东亚金融一体化与经济增长(总样本)

		回归系数	回归系数	回归系数	回归系数	回归系数	回归系数
金融一体化存量	外资总存量	-0.027** (-3.595)					
	外资流入存量		-0.110*** (-5.222)				
金融一体化流量	外资总流量			-0.102** (-2.493)			
	外资流入量				-0.134* (-1.661)		
	国际直接投资					-0.099* (-1.619)	
	国际间接投资						-0.306*** (-3.463)
控制变量	政府净收支	0.503*** (5.477)	0.531*** (6.224)	0.407*** (5.572)	0.383*** (5.134)	0.382*** (5.162)	0.398*** (6.010)
	金融发展	-0.003 (-0.374)	-0.002 (-0.268)	-0.003 (-0.329)	0.000 (-0.011)	-0.001 (-0.075)	-0.005 (-0.548)
	收入水平	0.220 (0.276)	0.762 (0.968)	-0.027 (-0.036)	-0.573 (-0.851)	-0.528 (-0.756)	0.448 (0.581)
常数项		6.692	6.364	6.149	6.658	6.497	5.626
调整后决定系数(%)		12.17%	17.38%	16.21%	14.23%	14.55%	19.11%

在包含控制变量的面板数据模型中,各金融一体化指标均与经济增长负相关,除外资流入量与国际直接投资流量显著水平为90%外,其余指标均达到了95%以上的显著水平,金融发展指标和收入指标均不具显著性,政府净收支在六个方程中都与经济增长显著正相关,显著性水平高达99%。

表4-4　东亚金融一体化与经济增长(LFI经济体)

		回归系数	回归系数	回归系数	回归系数	回归系数	回归系数
金融一体化存量	外资总存量	-0.164*** (-5.151)					
	外资流入存量		-0.264*** (-6.044)				

续表

		回归系数	回归系数	回归系数	回归系数	回归系数	回归系数
金融一体化流量	外资总流量			0.047 (0.179)			
	外资流入量				−0.051 (−0.168)		
	国际直接投资					0.182 (0.418)	
	国际间接投资						0.041 (0.116)
控制变量	政府净收支	0.474** (2.122)	0.365* (1.645)	0.732*** (2.914)	0.752*** (3.159)	0.761*** (3.187)	0.691*** (2.765)
	金融发展	0.034** (2.525)	0.025** (2.070)	−0.007 (−0.483)	−0.005 (−0.309)	−0.011 (−0.677)	−0.004 (−0.302)
	收入水平	0.246 (0.177)	1.093 (0.767)	−0.659 (−0.419)	−0.742 (−0.480)	−0.603 (−0.373)	−0.485 (−0.318)
常数项		8.468	5.807	7.037	7.257	7.053	6.641
调整后决定系数(%)		20.69%	25.37%	4.76%	5.69%	5.95%	4.16%

　　如表4-4所示,LFI经济体中以存量表示的金融一体化指标显著为负,其他一体化指标与经济增长的关系均不显著;金融发展水平在存量指标方程中显著为正,政府净收支在所有方程中都显著为正,收入指标均不显著。

表4-5　东亚金融一体化与经济增长(MFI经济体)

		回归系数	回归系数	回归系数	回归系数	回归系数	回归系数
金融一体化存量	外资总存量	−0.021* (−1.668)					
	外资流入存量		−0.055 (−1.512)				

		回归系数	回归系数	回归系数	回归系数	回归系数	回归系数
金融一体化流量	外资总流量			-0.099* (-1.798)			
	外资流入量				-0.132 (-1.111)		
	国际直接投资					-0.094 (-1.167)	
	国际间接投资						-0.303** (-2.462)
控制变量	政府净收支	0.317** (2.513)	0.281** (2.408)	0.283*** (2.962)	0.277*** (2.692)	0.272*** (2.744)	0.242*** (2.676)
	金融发展	-0.055** (-2.161)	-0.049** (-2.019)	-0.015 (-0.687)	-0.010 (-0.455)	-0.007 (-0.324)	-0.022 (-1.046)
	收入水平	0.738 (0.294)	0.737 (0.280)	0.156 (0.068)	-1.197 (-0.576)	-1.207 (-0.563)	1.827 (0.746)
常数项		10.428	9.459	6.817	8.829	8.345	4.369
调整后决定系数（%）		11.42%	11.13%	10.21%	7.84%	8.17%	12.92%

139

　　如表4-5所示，MFI类经济体中六个金融一体化指标与经济增长均负相关，其中三个指标具有显著性；金融发展水平在存量指标方程中显著为负，政府净收支在所有方程中均与经济增长显著正相关，收入水平指标均不显著。

　　综上，在总样本、LFI及MFI经济体的18个计量方程中，金融一体化指标在11个方程中都与经济增长显著负相关；LFI经济体金融一体化存量指标显著为负，流量指标与经济增长关系不显著；MFI经济体所有金融一体化指标都与经济增长负相关，其中三个指标具有显著性。可见总体而言东亚金融一体化与经济增长负相关，在MFI经济体中尤为明显。在控制变量中，政府净收支在所有方程中都与经济增长显著正相关，收入水平在所有方程中都不具显著性，金融发展指标在总样本中不具显著性，但在LFI经济体金融一体化存量指标方程中显著为正，而在MFI经济体金融一体

化存量方程中则显著为负。

(二)各类因素对东亚金融一体化与经济增长关系的影响

用公式 4-2 分析控制变量对于金融一体化与经济增长关系的影响,控制变量包括政府净收支、金融发展及收入水平,由以上研究结果可看出直接投资流量和证券投资流量指标的实证分析结论与其他流量指标并无显著差异,因此这里分析金融一体化影响因素时将不再使用这两个指标。

1. 政府净收支的影响

表 4-6　金融一体化与经济增长关系的影响因素——政府净收支

		常数项	金融一体化		金融一体化×政府净收支		政府净收支		决定系数（%）
			回归系数	T 值	回归系数	T 值	回归系数	T 值	
总样本	外资总存量	6.839	-0.021***	-2.885	-0.002	-1.838	0.638***	5.505	13.63%
	外资流入存量	7.406	-0.099***	-4.847	-0.002	-0.786	0.592***	5.050	17.04%
	外资总流量	5.933	-0.067	-1.555	-0.008	-1.573	0.491***	5.758	17.54%
	外资流入量	5.964	-0.101	-1.207	-0.019	-1.806	0.508***	5.069	15.53%
LFI经济体	外资总存量	10.039	-0.130***	-4.005	-0.002	-0.185	0.775*	1.704	18.64%
	外资流入存量	8.514	-0.212***	-4.173	0.019	0.956	0.377	1.292	24.22%
	外资总流量	6.747	-0.262	-0.981	-0.253**	-2.326	1.400***	3.646	9.95%
	外资流入量	6.440	-0.235	-0.821	-0.160	-1.284	1.068***	2.967	8.05%
MFI经济体	外资总存量	5.582	-0.008	-0.905	-0.002	-1.771	0.489***	2.860	7.68%
	外资流入存量	5.591	-0.029	-1.096	-0.006	-1.703	0.481***	2.948	7.90%
	外资总流量	5.426	-0.067	-1.326	-0.006	-0.975	0.369***	3.213	12.65%
	外资流入量	5.256	-0.080	-0.788	-0.015	-1.040	0.360**	2.423	8.49%

如表4-6所示,当以政府净收支为控制变量时,金融一体化与经济增长负相关,在总样本和LFI经济体的存量指标方程中具有显著性;所有方程交织项系数均为负,仅LFI经济体的外资总流量方程交织项系数显著;政府净收支在所有方程中都与经济增长显著正相关,LFI与MFI经济体没有明显差别。说明金融一体化对经济增长有一定抑制作用,在LFI经济体中尤为明显,政府净收支水平对这种抑制作用没有显著影响。

2. 收入水平的影响

表4-7 金融一体化与经济增长关系的影响因素——收入水平

		常数项	金融一体化		金融一体化×收入水平		收入水平		决定系数(%)
			回归系数	T值	回归系数	T值	回归系数	T值	
总样本	外资总存量	8.023	−0.032	−1.126	0.012	1.041	−1.863***	−2.950	5.81%
	外资流入存量	10.36	0.286***	4.651	−0.117***	−4.530	−2.921***	−5.113	12.96%
	外资总流量	5.65	0.425*	1.899	−0.171	−1.822	−1.165**	−2.183	7.58%
	外资流入量	6.43	0.283	0.988	−0.095	−0.781	−1.553***	−2.909	7.65%
LFI经济体	外资总存量	1.370	0.062	0.516	−0.133	−1.543	1.610*	2.072	12.25%
	外资流入存量	6.281	−0.321	−1.363	0.039	0.224	0.745	1.568	20.33%
	外资总流量	−0.083	1.032*	1.833	−0.591	−1.426	2.018**	3.544	4.14%
	外资流入量	1.713	0.581	0.743	−0.252	−0.417	1.361	2.017	0.23%
MFI经济体	外资总存量	5.880	0.080**	2.140	−0.033**	−2.117	−1.399	−1.688	8.41%
	外资流入存量	7.174	0.194*	1.725	−0.081	−1.722	−1.933*	−2.191	7.12%
	外资总流量	9.337	0.272	0.673	−0.096	−0.571	−2.485***	−3.214	13.18%
	外资流入量	10.135	0.062	0.112	0.012	0.052	−2.694-***	−3.542	13.49%

如表4-7所示,当以收入水平为控制变量时,金融一体化与经济增长在五个方程中显著正相关,其中有两个交织项系数显著为负。在总样本和MFI经济体中,收入水平与经济增长均负相关,仅有一个系数不显著;而在LFI经济体中两者都正相关,有两个系数具有显著性。可见收入水平对金融一体化与经济增长的关系有一定影响,但方向与传统预期相反,在那些富裕的经济体中金融一体化对经济增长的推动作用会减弱。实证结果不能支持收入水平的提高可加强金融一体化对经济增长的正向促进作用这一理论假设。

3. 金融发展的影响

如表4-8所示,当以金融发展水平为控制变量时,金融一体化与经济增长在八个方程中显著正相关,其中有六个交织项系数显著为负。分组来看,在MFI经济体中,除外资总流量方程外金融一体化与经济增长均显著正相关,其中只有外资流入量方程交织项系数显著为负,其余不具显著性;LFI经济体两个外资流量方程中金融一体化与经济增长正相关且交织项系数显著为负。可见金融发展会影响金融一体化与经济增长的关系,但与理论预期不符:实证结论说明在那些金融发展水平较高的国家(地区),金融一体化对经济增长的正向推动作用会受到抑制。

表4-8 金融一体化与经济增长关系的影响因素——金融发展

		常数项	金融一体化		金融一体化×金融发展		金融发展		决定系数(%)
			回归系数	T值	回归系数	T值	回归系数	T值	
总样本	外资总存量	5.080	0.022**	2.480	0.000	-1.716	-0.013**	-2.139	10.49%
	外资流入存量	5.971	-0.003	0.135	0.000	-0.177	-0.019***	-3.040	7.84%
	外资总流量	4.919	0.182**	2.193	-0.001**	-2.076	-0.015***	-2.589	8.60%
	外资流入量	4.559	0.426***	2.979	-0.003***	-2.688	-0.014**	-2.548	10.53%

续表

		常数项	金融一体化		金融一体化×金融发展		金融发展		决定系数（%）
			回归系数	T值	回归系数	T值	回归系数	T值	
LFI经济体	外资总存量	3.112	-0.050	-1.004	-0.002***	-3.144	0.123***	4.623	22.42%
	外资流入存量	5.199	-0.199***	-2.952	-0.001	-1.455	0.050***	2.892	24.49%
	外资总流量	1.436	1.089***	3.367	-0.013***	-3.126	0.058**	2.524	6.37%
	外资流入量	1.199	1.337***	3.607	-0.017***	-3.857	0.064***	3.078	8.66%
MFI经济体	外资总存量	4.645	0.030**	2.712	0.0002	-1.710	-0.019	-1.588	16.94%
	外资流入存量	5.744	0.060**	2.093	0.0004	-1.108	-0.026**	-2.299	14.87%
	外资总流量	5.259	0.095	0.919	-0.001	-0.731	-0.024**	-2.030	10.38%
	外资流入量	3.885	0.365**	1.873	-0.002*	-1.614	-0.015	-1.247	13.21%

五、综合结论

（一）金融一体化并未有效促进经济增长

统计分析表明，从存量指标来看，对于总样本和 LFI 经济体而言，资本总存量与外资流入存量都有逐年上升的趋势，两者的峰值出现于 1997 年前后，但此时正是经济增长率最低的时期；相对而言，MFI 类经济体经济增长率变动非常平稳，而以存量表示的金融一体化程度始终保持稳步上升的态势，并未体现出相关性。从流量指标来看，总样本中经济增长与金融一体化曲线并未表现出明显的相关性；LFI 经济体除在 20 世纪 80 年代中期到 90 年代中期一度重合外，其余阶段两者都呈相反走势；在 1997 年前 MFI 经济体经济增长表现出与金融一体化反向的波动性，1997 年后两者开始出现相似走势。从国际直接投资和证券投资流量来看，对总样本和 LFI 经济体，1997 年前金融一体化与经济增长相关性不大，

2000年后则表现出了相似的上升趋势；MFI经济体1998年后国际证券投资流量与经济增长走势相反，直接投资流量则表现出了与经济增长相似的走势。回归分析表明，综合政府净收支、收入水平、金融发展等控制变量，总样本中各金融一体化指标均与经济增长显著负相关。LFI经济体中以存量表示的金融一体化指标显著为负，其余金融一体化指标不显著；MFI经济体中，六个金融一体化指标的回归系数均为负，其中有三个系数具有显著性。可见金融一体化并未有效推动东亚各国（地区）的经济增长。

（二）各控制变量对东亚金融一体化与经济增长关系的影响存在差异

实证分析结果显示，三个控制变量按对金融一体化与经济增长关系影响大小依次为金融发展、收入水平、政府净收支，影响方向都与传统预期相反。从影响最大的金融发展因素分析，在那些金融发展程度较高的国家（地区），金融一体化对经济增长的正向推动作用会受到抑制，这充分反映了东亚金融体系的低效性。根据笔者统计结果，在东亚总样本、MFI、LFI经济体中以私人部门信贷占GDP比重表示的金融发展程度平均为79.75%、110.6%和56.2%，这一指标在前两类样本中都与经济增长显著负相关，而在相对较低的LFI经济体中则与经济增长正相关。可见在东亚银行体系较为脆弱、信贷市场不完善的前提下，信贷资金的配置是低效率的，信贷的投放量越大对经济增长的阻力越明显，因此在那些金融发展水平相对较高的东亚国家（地区）中，金融一体化对经济增长的推动作用也会被低效率的信贷配置所削弱。完善银行内部治理，降低跨国借贷的流动性风险、操作风险和违约风险，强化金融监管，提高金融体系的效率是东亚经济体在金融一体化进程中的重要举措。

（三）对于东亚金融一体化与经济增长关系的解释

Fratzscher和Bussiere（2004）认为金融一体化与经济增长是跨时的替代关系，即金融一体化与经济增长的关系可分为三个阶段，

144

初期是有收益的,但资本的迅速流入在引起经济增长的同时也积聚了信贷风险,到中期这种风险就会凸显,抑制经济的增长,带来经济的波动,只有到一个更长的时期金融一体化才会对经济增长发挥正向促进作用。这一解释较符合东亚的情况。从本节的实证分析可以看出 LFI 经济体金融一体化的经济增长效应强于 MFI 经济体,因为前者处于金融一体化的初期阶段,金融发展水平也较低,以流量表示的金融一体化与经济增长已呈现出了一定的正相关性,虽然并不显著;而 MFI 经济体已处于金融一体化的中期阶段,信贷规模也相对较高,信贷风险也较为集中,金融一体化对经济增长已产生了抑制作用,以私人信贷规模表示的金融发展指标也与经济增长显著负相关。随着 LFI 经济体金融发展水平和金融一体化程度的进一步提高,进入 MFI 经济体所处的中期阶段后金融一体化对经济增长的负向影响也会一起体现,因此加强金融一体化进程中的风险防范对东亚经济体而言尤为重要。

145

第二节 东亚金融一体化与经济波动

一、文献综述

以下将从金融一体化对宏观经济波动性的影响、金融一体化与金融危机及影响金融一体化与宏观经济波动性的因素等方面对有关文献进行综述[①]。

1. 金融一体化对宏观经济波动性的影响

金融一体化对于产出波动的影响是颇有争议的。金融一体化

---

① 文献部分的分析参见 Prasad Eswar, Rogoff Kenneth, Wei Shang-Jin and Kose M. Ayhan, "Financial Globalization, Growth and Volatility in Developing Countries", *NBER Working Paper* 10942, December 2004, pp. 22-29。

所带来的资本流动可使资金缺乏的发展中国家生产多样化,也可以提高基于比较优势的专业化分工,使得经济体对于来自某种特定产业的冲击变得较为脆弱(Razin 和 Rose,1994)。与产出波动性不同的是,很多理论支持金融一体化会通过消费平滑减少消费的波动,这被视为金融一体化使一国得到的一种重要福利。Prasad,Rogoff,Wei 和 Kose(2004)的实证研究显示,虽然发展中国家可以从金融一体化中得到较高的消费平滑收益,但是金融一体化程度较高的经济体并未比金融一体化程度较低的经济体获得更好的消费平滑机会。他们用"门槛效应"来解释这一现象:只有在达到一个特定水平之后,金融一体化才会有效减少经济波动,然而很多发展中国家包括那些金融一体化程度较高的国家都在这一水准之下。另一种解释是资本流动可以放大经济周期,从而带来更大的产出及消费的波动(Calvo 和 Reinhart,1999)。例如 20 世纪80 年代和 90 年代的正向冲击使很多发展中国家出现了由国际投资者融资的消费浪潮,这一浪潮随着这些国家的金融自由化及金融开放而加强,而当负向冲击来临时,这些经济体又会迅速撤离国际金融市场。这种扩大周期的性质使金融一体化更易助长发展中国家的宏观经济波动。

2. 金融一体化与金融危机

金融一体化会在一定程度上加大宏观经济的波动性,这种波动的极端形式便是金融危机。国际资本风险与收益的不均衡分布会增加金融危机的风险,Prasad,Rogoff,Wei 和 Kose(2004)的研究归纳出了以下风险:

(1)金融脆弱性风险

发展中国家对于外国银行贷款及外国证券投资的依赖使其越来越多地暴露于全球资本回撤的风险之中,这种风险使得发展中国家对金融危机的脆弱性与日俱增。国际资本流动取决于两大要素:一是国内的基本条件;二是工业化国家的宏观条件,包括经济周期和利率水平,这些要素对于流入新兴市场的不同种类外资有着不同的影响。Reinhart 和 Reinhart(2001)研究显示,流向新兴市场的净 FDI 与美国的经济周期有着较强的正相关性。然而,这类国家的银行借贷则与美国经济周期负相关。Edison 和 Warnock (2001)发现从美国流向主要新兴市场的证券流量与美国的利率水平及美国产出增长负相关。因此,对于金融一体化程度日益提高的经济体而言,所吸引外资的种类直接影响到其对资本波动的抵御能力。

(2)金融泡沫风险

跨国金融市场联系的日益密切使新兴市场卷入金融市场泡沫的风险加大。Dellas 和 Hess(2002)发现更高程度的金融发展使得新兴股票市场更易受外部影响,而且这种影响即使在实施资本管制和贸易控制时仍然显著。外部冲击可以通过实体经济渠道和金融渠道影响国内实体经济活动。金融渠道传导的速度远高于实体经济渠道,实际冲击的国际蔓延速度和规模都由于金融联系而被显著加强,此次由美国次贷危机引发的全球金融危机即充分证明了这一点。

(3)传导性风险

金融联系的上升还导致传染效应。潜在的传染效应有可能随着金融联系的提升而变得更加显著,金融合作降低了信息及交易成本,使国际投资者获得了更广泛的跨国投资机会。金融危机的传导有两种类型:基本传导和单纯性传导。前者指经济的震动通过实体经济或者金融市场的联系跨国传导。换言之,当一个经济体存在基本风险时,投资者对该国投资风险的重新评估或者由于别国危机而引起的对证券组合的重新设计将会使该国卷入金融危机。类似地,银行借贷是另一种传导途径:当一个国家需要通过调整其对别国的借款来平衡证券组合时,这一国家的危机就会通过银行传导给别的国家。单纯风险体现了投资者风险偏好的转变,

147

这类风险在短期内不易受到国内政策的影响。

3. 影响金融一体化与经济波动关系的因素

Prasad、Rogoff、Wei、Kose（2004）研究了金融一体化与经济波动关系的影响因素，认为银行借贷或其他债务占 FDI 的比重、外债期限结构、以外币表示的外债所占比重等因素和其他国内因素相结合会加大金融全球化风险。这些国内因素首先是宏观经济政策，那些宏观基础较薄弱的国家由于无法获得长期借款而只能转借短期贷款。二是外汇制度，发展中国家缺乏弹性的汇制会使其更易受到货币冲击，如果没有国内政策的支持，当经济遭受负面冲击时会对这些汇率制度造成严重打击。三是财政政策，利用国际金融市场的过度借贷会加大政府非生产性的支出，一些金融一体化程度较高的国家已尝过非审慎的财政政策与资本市场开放相结合而导致外债积聚的苦果。四是金融规则和监管体系，在银行监管体系较为脆弱和国内证券市场尚不完善的前提下，外国资本的流入会加剧经济体已有的低效率。如果国内不完善的金融制度使资金流向高风险的企业，金融一体化将会强化这种资金配置，当经济体遭遇负向的宏观冲击时，这种不成熟的资本流动又会给金融体系带来不利影响。

二、金融一体化与宏观经济波动的实证研究

（一）东亚经济体宏观变量波动性的统计分析

按 Prasad、Rogoff、Wei、Kose（2004）的方法研究东亚经济体宏观变量的波动性①。以东亚各经济体的总产出（用国民生产总值表示）、总收入（用国民收入表示）、居民消费、总消费代表宏观变量，各变量取真实人均增长率值，计算出东亚总样本中每个国家

① 参见 Prasad Eswar, Rogoff Kenneth, Wei Shang-Jin and Kose M. Ayhan, "Financial Globalization, Growth and Volatility in Developing Countries", *NBER Working Paper*, December 2004, pp. 22–23, p. 43。

（地区）1970—2007、1970—1979、1980—1989、1990—1999、2000—2007 年各宏观变量的标准差[①]，以此来代表这些时间段内宏观变量的波动性，最后一项为上述时间段内总消费增长率的波动性与收入增长率波动性之比，比值大小反映了消费平滑机会的多少，值越低说明消费平滑的机会越多。将样本分为 LFI 和 MFI 经济体两组，划分方式如前所述，前者包括印尼、韩国、中国、菲律宾、泰国，后者包括日本、马来西亚、新加坡、中国香港，各组波动性的中值如表 4-9 所示。

表4-9 东亚各经济体宏观变量的波动性

	经济体	1970—2007	1970—1979	1980—1989	1990—1999	2000—2007
总产出波动	LFI	5.268	5.348	6.919	6.337	2.240
	MFI	5.331	5.560	6.028	4.689	4.333
总收入波动	LFI	5.403	5.510	7.228	6.783	2.353
	MFI	4.704	5.408	5.733	4.634	3.940
居民消费波动	LFI	4.692	4.237	5.973	5.355	1.679
	MFI	4.235	4.096	3.992	4.762	3.620
总消费波动	LFI	4.394	4.071	5.547	4.533	1.753
	MFI	3.932	3.362	2.937	4.394	3.550
总消费波动/总收入波动	LFI	0.805	0.871	0.721	0.838	0.835
	MFI	0.825	0.705	0.706	0.952	0.805

从真实人均产出、收入、消费的波动情况来在，在整个样本期内 LFI 经济体波动最大，降幅也最大，这类经济体宏观变量的标准差值在 2000 年以前较大，此后则显著降低。MFI 经济体各变量的波动性在 2000 年后也有显著下降。从总消费与总收入波动的比

---

① 数据来源于 IMF 的 IFS 数据库，其中中国大陆、中国香港的标准差分别从 1987、1982 年开始计算，计算 LFI 和 MFI 经济体每年中位值时将删除当年数据缺失的国家（地区），下同。

值来看,MFI 经济体的峰值出现在 20 世纪 90 年代。这种动态变化与东亚经济体的金融开放进程有一定的联系,70 年代末到 80 年代初,东亚 MFI 经济体日本、新加坡、马来西亚以及中国香港的资本流动都已较为自由,这种早期的金融开放对于降低宏观经济的波动性起到了一定的作用,表现为 80 年代消费与收入比值波动降低;然而若诸如产业结构、金融体系、管理效率等宏观经济条件没有得到相应的改善,金融开放的负面作用便会日益显现,使该比例在 90 年代达到新的高点;金融危机后各国宏观基础的改进及东亚金融合作的加强从 2000 年后开始体现出积极影响,这一比值又有所下降。LFI 经济体中多数国家于 90 年代逐步放开金融市场,在此之前该比值一直高于 MFI 经济体,但 90 年代之后该值并无明显下降,可能的解释是这类经济体的宏观经济基础较 MFI 经济体薄弱,金融开放的积极效应并未得到明显体现。

（二）东亚各经济体宏观变量波动性的对比分析

用滚动视窗法（Rolling Windows）分别计算出东亚各国（地区）宏观变量 1970—1979、1971—1980、1972—1981…1998—2007 年的标准差,取 LFI 和 MFI 经济体各组的中值并绘成曲线,如图 4-10 至 4-14 所示。从真实人均总产出和总收入的波动可看出,LFI 经济体在 20 世纪 80 年代波动性高于 MFI 经济体,90 年代前

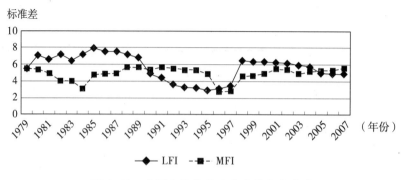

图 4-10　东亚各经济体真实人均产出波动

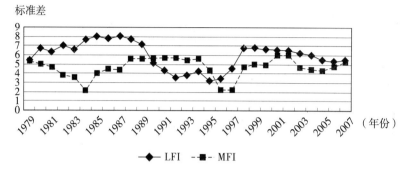

图 4-11 东亚各经济体真实人均总收入波动

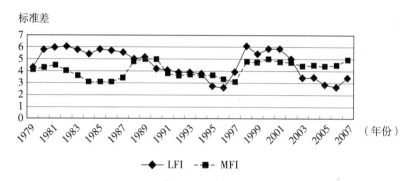

151

图 4-12 东亚各经济体真实人均居民消费波动

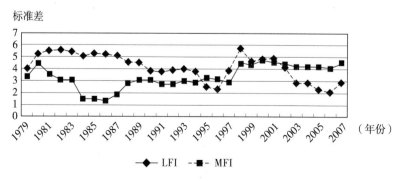

图 4-13 东亚各经济体真实人均总消费波动

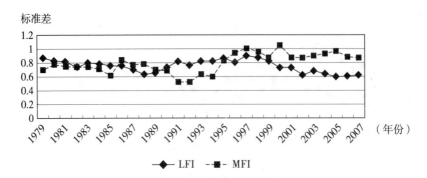

标准差

图4-14 东亚各经济体总消费波动与总收入波动比值

半期低于 MFI 经济体,1997 年金融危机之后 LFI 经济体波动性逐渐降低,但在多数时间仍高于 MFI 经济体。

从居民消费波动和总消费波动来看,80 年代 LFI 经济体波动最大,1990—1997 年明显下降,1997 年金融危机以后迅速攀升并达到峰值,然后开始下降,2003 年以前大多数时期 LFI 经济体的波动性都高于 MFI 经济体,2003 年之后则低于 MFI 经济体。MFI 经济体在 80 年代中期波动性位于谷底,接着缓慢上升,1997 年后一直保持在一个相对较高的水平。

从消费与收入之比可看出,在 1985 年前,两条曲线差别不大,1985 年至 1995 年两者呈反向波动,此后 LFI 曲线表现出明显的下降趋势,MFI 曲线则保持在较高水平,高于 LFI 曲线。可见金融开放度的提高和金融合作的深化使 LFI 经济体获得了更多的风险平滑机会,这也与很多经验研究一致:这类经济体宏观经济的波动性较大,更可能从金融一体化中获得较多的消费平滑,降低消费的波动性。

(三)金融一体化与东亚宏观经济稳定性的关系

结合图 3-1 至图 3-6、图 4-10 至图 4-14 可以粗略分析东亚金融一体化与宏观经济稳定性的关系。MFI 经济体 20 世纪 90 年代后的资本总存量和外资流入存量都在高位运行,资本总流量、资本内流量、国际直接投资和证券投资流量自 1998 年以后开始攀升,然而从宏观经济变量的波动性来看,并未体现出金融一体化的经济稳定效应:90 年代 MFI 经济体宏观经济变量的波动都处于较高水平,尤其是 2000 年以后以资本存量及流量表示的金融一体化程度都有了大幅提高,而总产出、总收入的波动并无显著下降,居民消费和总消费的波动甚至还达到了历史最高水平,可见金融一体化对于提高 MFI 经济体宏观经济的稳定性并无显著积极作用,甚至还有一定的负面影响。

LFI 经济体金融一体化的存量指标一直在较窄的范围波动,1997 年金融危机时出现峰值,然后有所下降。国际资本总流量及资本流入量在 1990 年后缓慢上升,国际 FDI 流量及证券投资流量在 2000 年后保持上升态势。从宏观经济变量的波动性分析,在金融开放度较低的 80 年代,各宏观变量的波动性都处于最高水平,90 年代初期呈下降趋势,1997—1999 年受金融危机影响又开始回升,此后逐步下降,2003 年以后总消费和居民消费的波动都低于 MFI 经济体,可见金融一体化对于降低 LFI 经济体宏观经济的波动起到了一定的积极作用。

153

（四）金融一体化与消费平滑效应的关系

如图 4-14 所示,从总消费与总收入之比的波动性来看,LFI 经济体从 1979—1989 年间下降,1990—1997 年上升,1997 年后再度下降,而这类经济体 20 世纪 90 年代中期以后外资流量开始提升。由此可见在 1997 年金融危机之后,金融一体化水平的提高使 LFI 经济体获得了更多的消费平滑机会,也使其宏观经济更为稳定。MFI 经济体 1979—1995 年间在 0.5—0.8 之间波动,1996—2007 年升至更高的水平,可见在金融一体化相对较低的年份消费平滑的机会多于金融一体化程度较高的年份,这与传统预期相反。虽然 MFI 经济体 1997 年后金融一体化程度远高于 LFI 经济体,但代表其消费平滑机会的曲线却在 LFI 经济体的曲线之上运行,说明对于 MFI 经济体而言金融一体化并未有效增加消费平滑机会。

(五)东亚资本流动的波动性与宏观变量波动性的关系

用滚动视窗法(Rolling Windows)计算出东亚各国(地区)外资总流量的标准差,将样本分为东亚总体、LFI 及 MFI 经济体,取 1977—1986、1978—1987…1998—2007 年各时段每组外资总流量、总产出及总消费标准差的中位值绘成曲线,如图 4-15 至 4-17 所示①。从图中可以看出 MFI 经济体在 2000 年以后资本流动的波幅较大;总样本和 LFI 经济体的外资流量波动都较为平缓,都低于总产出和总消费的波动。计算各经济体外资总流量标准差和总产出标准差、总消费标准差的相关系数,结果为 LFI 经济体外资总流量波动与总产出波动的相关性为−0.191,与总消费波动的相关性为 −0.425;MFI 经济体的两类相关系数分别为 0.264、0.124,可见动态来看 LFI 经济体的金融一体化对于抑制本国消费的波动有显著作用,对于抑制产出的波动有较弱的作用;而 MFI 经济体的金融一体化在一定程度上加大了产出和消费的波动。

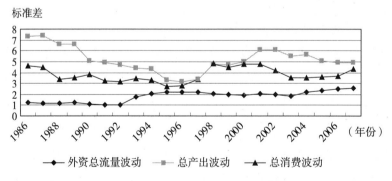

图 4-15　东亚各经济体资本流动与宏观变量波动的关系

①　由于外资总流量数据不全,各变量标准差均从 1977—1986 年这一时间段开始计算。

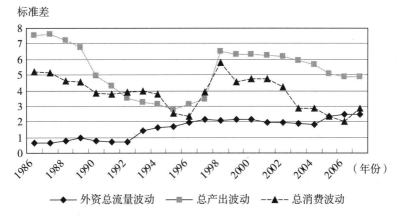

图 4-16 东亚 LFI 经济体资本流动与宏观变量波动的关系

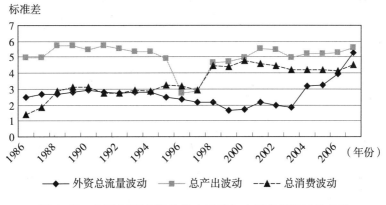

图 4-17 东亚 MFI 经济体资本流动与宏观变量波动的关系

三、实证结论及解释

本节研究了东亚金融一体化进程中各成员国(地区)总消费、总产出、总收入及总消费与总收入之比的波动性,并对东亚各类经济体进行了对比。从宏观变量的波动情况来看,LFI 经济体的波动幅度最大但有下降趋势,MFI 经济体的波动相对较小但有上升趋势。2000 年以后 MFI 经济体以资本存量及流量表示的金融一体化程度都有了大幅提高,而总产出、总收入的波动并无显著下

降,居民消费和总消费的波动甚至还达到了历史最高水平。LFI经济体金融一体化的增速虽慢于MFI经济体,但在1997年金融危机之后总消费与总收入之比的波动性下降,说明消费平滑机会增多,消费波动性也有显著下降。LFI经济体外资总流量波动与总产出、总消费的波动负相关;MFI经济体则正相关。说明LFI经济体的金融一体化对于抑制本国消费及产出的波动有一定作用,而MFI经济体的金融一体化在一定程度上加大了产出和消费的波动。总体而言,实证研究不充分支持金融一体化能平抑经济波动这一结论。

第三节　东亚金融一体化宏观效应实现条件分析

从以上分析可以看出,东亚的金融一体化并未带来非常正向的宏观效应:经济增长与金融一体化并未表现出传统理论所描述的正相关关系,而是表现出了一定的负相关性,且这一关系不受资本流量类型的影响,受收入水平和政府净收支的影响也不大,部分受金融发展的影响,但影响方向与传统预期并不一致。在经济波动方面,动态分析显示金融一体化对于提高MFI经济体宏观经济的稳定性并无显著积极作用,由于金融的开放和金融合作的深化提供了更多的消费平滑机会,使LFI经济体的消费波动有了一定程度的下降。Kose、Prasad、Rogoff、Wei(2006)认为一个国家的初始条件会对金融一体化的效应产生影响,只有这些条件高于一定水平金融一体化才会发挥正向的宏观效应,即促进经济增长、维护经济稳定,否则将会加大经济风险,对经济增长也会带来不确定的影响。如图4-18所示,这些初始条件包括金融市场发展水平、制度质量及政府治理、宏观政策的稳定性及贸易一体化程度,金融一体化水平的提高会促进这些条件的改善,但如果这些条件达不到一定的水平则会制约金融一体化发挥积极效果。东亚经济体的金融发展水平、制度环境和贸易一体化程度都会影响金融一体化的宏观效应,以下将对这些条件展开分析。

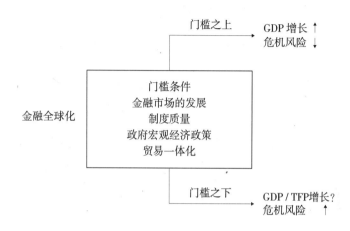

图中文字:

金融全球化

门槛之上 → GDP 增长 ↑ 危机风险 ↓

门槛条件
金融市场的发展
制度质量
政府宏观经济政策
贸易一体化

门槛之下 → GDP / TFP增长? 危机风险 ↑

图4-18　金融一体化积极宏观效应的实现条件

图表来源:Financial Globalization:A Reappraisal Kose M. Ayhan, Prasad Eswar, Rogoff Kenneth, and Wei Shang-Jin, IMF WORKING PAPER, 2006, p.6.

一、金融体系的发展水平

金融发展水平直接制约着金融一体化对宏观经济的促进作用。东亚金融市场的发展水平较低,以银行为主导的金融体系占主导地位,金融市场欠发达,具体表现为:

第一,以银行为主导的金融体系表现出了一定的脆弱性。表4-10对比了东亚经济体、美国、欧元区的经济发展数据,可见东亚大部分经济体银行资产规模超过了 GDP,国内信贷与 GDP 之比也较高,而美国银行资产占 GDP 之比仅为70%,国内信贷与 GDP 之比仅为46%。且东亚银行的不良资产比例过高,赢利能力也较低,在这样的背景之下,高信贷率等传统金融深化指标只不过反映了东亚金融体系的不健康发展(郑海青,2009)。本书的实证研究也得出了相似的结论:东亚总样本、MFI、LFI 经济体对私人部门的

信贷占 GDP 的比重平均为 79.75%、110.6% 和 56.2%,在前两类经济体中以私人信贷比表示的金融深化指标都与经济增长显著负相关,而在金融深化相对较低的 LFI 经济体中则与经济增长正相关,进一步说明了东亚银行体系的脆弱性。

表4-10　2004年东亚各经济体及参考经济体金融体系发展

(单位:%)

		银行体系			国内债券市场(按发行人)				股票市场		
		存款	贷款	资产	总额	公司	金融机构	公共部门	股票市值	股票交易额	换手率
发达经济体	中国香港	257	149	480	27	3	15	9	522	269	55
	日本	122	106	153	174	16	25	133	119	74	103
	韩国	70	89	108	72	22	28	22	52	94	169
	新加坡	108	103	189	59	5	15	39	197	76	51
发展中经济体	中国大陆	55	141	198	27	1	9	17	27	38	113
	印尼	42	23	46	21	1	1	18	30	11	43
	马来西亚	102	105	128	91	38	14	38	154	51	33
	菲律宾	51	30	69	31			31	34	4	14
	泰国	85	75	103	37	11	4	21	68	68	95
参照经济体	美国	34	46	70	159	22	91	46	138	165	127
	欧元区	87	115	315	120	12	40	68	84	…	…

注:银行体系的数据只包括吸收存款的商业银行。

资料来源,IMF 国际金融统计;国际清算银行(BIS),世界银行;中国经济信息网。转引自郑海青:《东亚金融合作制度设计和效应研究》,上海世纪出版集团 2009 年版,第 33 页。

第二,东亚的本币债券市场不发达。黄梅波、林洋(2008)对东亚本币债券市场的分析显示[①]:首先,东亚的本币债券市场发展水平较低。东亚整体本币债券市场的规模不到日本和欧元区的

[①] 参考黄梅波、林洋:《东亚新兴债券市场发展研究》经济科学出版社 2008 年版,第 79—103 页。

1/5,美国的 1/12。各经济体本币债券市场的发展水平不均衡,韩国和马来西亚的债券市场相对发达,其次是危机后迅速发展的新加坡、泰国、菲律宾和中国香港,再次是中国和印度尼西亚。第二,东亚本币债券市场的结构不平衡。亚洲金融危机以后,本币政府债券的市场份额较为集中,本币金融机构债券市场地位无显著变化,本币公司债券的市场地位则逐渐下降,这体现了东亚政府主导的发展模式。第三,东亚本币债券市场流动性不足。流动性可从交易量、换手率、买卖价差三个指标来衡量,东亚本币债券市场从交易量来看流动性有所提高,但从换手率来看市场交易很不活跃;此外东亚本币债券买卖差价远大于发达市场的同等品种,是流动性较低的体现。第四,从开放度来看,东亚本币债券市场在全球国际债券投资流向中所占的比例有所下降,与美元区、欧元区相比有较大差距;并且跨境投资的主体集中于区内国家,跨境发行也存在诸多限制。

二、制度及政策环境

从政策的协调性来看,如表 4-11 所示,整个东亚地区的宏观经济政策存在较大差异,地区政策仍然各行其是,货币政策的范式、财政政策和汇率体系也各有不同,政策协调的难度较大,这主要与外在的非对冲性经济冲击有关。钟伟、黄涛、沈闻一(2005)对此进行了解释:当不同的宏观经济面临外界经济冲击时,如果波动状况相似则为对称性冲击,反之则是不对称冲击。当一个区域内各经济体所受的是对称性冲击时,则其经济波动与随后的相关调节都会呈现出某种一致性。当局采取的相应政策也就趋于一致,进行政策协调的成本也较低。而不对称冲击需要各国当局采取不同的经济政策进行调节,政策的协调成本较高。谭庆华(2002)的实证研究也显示东亚经济体整体上具有较弱的经济冲击相关性,使不同成员面对外来冲击时采取了不同的应对措施,政

策的协调难度较大,加大了对冲击的不确定性预期,不利于吸引以价值收益为主要目标的长期资本。

表4-11 东亚缺乏政策协调的可能领域

对内宏观经济政策	由于所处的经济发展水平各不相同,面对的经济问题也迥然有异,东亚目前难以实现相同经济目标,从而达到经济周期变化趋同。因此各自所采取的政策工具和政策作用的方向也不相同。
对外经济贸易政策	由于经济目标难以协调一致,因此,面对不同的经济发展战略,各国会采取不同的战略性贸易政策、汇率制度等。
社会、文化政策	由于社会、历史原因等因素,东亚的社会文化差异使得诸如劳动力流向等问题的解决难度较大。
法律法规	社会制度的差别和意识形态的不一致导致法律法规的巨大差异,从而提高了生产要素流动的门槛。
政治与外交战略	各国由于在国际上的地位不同,导致政治、外交目的不相同,政治上缺乏放弃部分主权的信心,从而难以做出有效的承诺和妥协。

图表来源:钟伟、黄涛、沈闻一:《走循序渐进之路——东亚贸易、投资和金融一体化进程及模式》,《国际贸易》2005年第3期,第25页。

从政策的稳定性来看,东亚经济体大都为新兴工业化及发展中国家和地区,利率和汇率的逐步自由化、贸易和资本账户的渐近式开放使得这些经济体处于一个动态的经济背景之中,加大了经济政策的不确定性。这势必会增加跨境资本的流动成本,使得这些资本并未按市场机制进行最优配置,短期的投机性资本在经济繁荣时大量进入,在经济萧条时又急促撤离,放大了经济周期,对于东亚的经济波动起到了推波助澜的作用。

从制度环境来看,表4-12给出了东亚的金融基础设施质量指标,如综合合约、腐败程度、法律准则、官僚主义、会计准则及新闻自由等的得分。东亚发展中经济体的得分较低,仅5.18分,远低于英国和美国8.93、8.99的水平,制度的滞后也会制约金融一体化对经济增长的促进作用。

表 4-12　金融基础设施质量指标（0—10 分制，分数越高越好）

	总分	合约执行	腐败程度	法律准则	官僚主义	会计准则	新闻自由
发达东亚经济体	8.27	9.02	8.45	8.94	8.81	7.6	6.80
中国香港	7.75	8.82	8.52	8.22	6.90	7.3	6.72
日本	8.67	9.69	8.52	8.98	9.82	7.1	7.92
韩国	6.73	8.59	5.30	5.35	6.97	6.8	7.36
新加坡	7.58	8.86	8.22	8.57	8.52	7.9	3.44
发展中东亚经济体	5.18	6.47	4.41	4.94	4.54	6.97	4.58
印尼	3.52	6.09	2.15	3.98	2.50	…	2.86
马来西亚	6.55	7.43	7.38	6.78	5.90	7.9	3.90
菲律宾	4.14	4.80	2.92	2.73	2.43	6.4	5.54
泰国	6.50	7.57	5.18	6.25	7.32	6.6	6.02
参考经济体	8.96	9.32	8.87	9.29	10.0	8.1	8.25
英国	8.93	9.63	9.10	8.57	10.0	8.1	8.25
美国	8.99	9.00	8.63	10.0	10.0	7.6	8.72

图表来源：Herring 和 Chatusripitak（2000），转引自郑海青：《东亚金融合作制度设计和效应研究》，上海世纪出版集团 2009 年版，第 46 页。

三、贸易一体化程度

随着东亚区域合作的展开，东亚的贸易一体化程度有了较大提高，主要表现在以下三个方面：

一是区内贸易份额增加。区域内贸易份额指区域内某一成员对区域内其他成员的贸易额（进出口额之和）占该成员对外贸易总额的比重，该指标与贸易一体化程度正相关。全毅、高军行（2009）的研究显示，1985—1995 年东亚区域内贸易的比重由40.2% 上升至 55.5%，同期北美自由贸易区的该比重由 38.7% 上升至 43.2%，欧盟由 52.5% 上升至 56.8%。1995—2005 年，东亚各经济体区域内贸易比重保持在 55% 左右，而北美自由贸易区该比重则在 2001 年升至 49% 之后逐渐降至 45%，欧盟地区该比重

也在升至 2003 年的 64.4% 后降为 61%①。2007 年,东亚大多数国家区域内出口占该国总出口的比例在 30% 左右,区域内贸易进口占各国总进口的比例平均达到了 56.4%②。

二是贸易依赖度增强。贸易依赖度绝对度量值反映特定双边贸易在世界贸易总量中所占比例,相对度量值反映双边贸易在其中一方的贸易总量中所占的比重。余诚、秦向东(2011)的研究显示,1990—2009 年期间东亚地区以绝对法度量的国际贸易依赖程度呈现上升趋势,从 1990 年的 6.7% 升至 2009 年的 8.72%,从 2005 年起贸易依赖度开始超过北美自由贸易区,与欧盟之间依赖程度的差距也开始逐渐缩小。用相对法计算得到的东亚贸易依赖度也呈现加大趋势,出口的依赖程度从 1990 年的 34.5% 上升到 2009 年的 37.25%,低于欧盟和北美自由贸易区;进口的依赖程度从 1990 年的 34.4% 上升到 2009 年的 41.47%,远远高于北美自由贸易区,仅次于欧盟③。

三是贸易依存度提高。贸易依存度为一个经济体与特定贸易伙伴的进出口总额占该经济体 GDP 的比重,可在一定程度上反映一个经济体的对外开放度。徐春祥(2008)的计算结果显示 2004—2006 年东亚各经济体的平均贸易依存度高达 154.8%,北美自由贸易区平均为 53.6%,欧盟 15 国平均为 100.6%。从区内的贸易依存度看,Goto(2002)计算的东亚各国对东亚 14 国的贸易依存度 1980 年平均仅为 25.85%,1999 年升至 45.37%④。绝大

162

---

① 全毅、高军行:《东亚经济一体化的贸易与投资效应》,《国际贸易问题》2009 年第 6 期,第 65 页。

② 王智强:《东亚区域经济一体化研究:自由贸易区与货币同盟》,《金融与经济》2010 年第 12 期,第 6 页。

③ 余诚、秦向东:《从贸易角度看东亚经济一体化的进程》,《国际商务》2011 年第 5 期,第 44 页。

④ 徐春祥:《东亚贸易一体化——从区域化到区域主义》,社会科学文献出版社 2008 年版,第 165—166 页。

多数东亚经济体的贸易依存度随着时间的推移而提高,在2000—2009年间的增幅要大于1995—2000年间的增幅①。

尽管东亚贸易一体化程度有了迅速提升,但从形式上来看东亚贸易一体化仍处于较初级的层次。徐春祥(2008)的研究显示贸易一体化的过程包括次区域优惠贸易安排、浅层次贸易一体化、自由贸易区以及关税同盟四个阶段,目前东亚处于第二层次,向更高层次的推进仍然存在很多困难,东亚参差不齐的经济发展水平以及对美国和欧盟等经济体的过分依赖都是阻碍东亚贸易一体化升级的因素。东亚贸易一体化水平的进一步提升对于发挥东亚金融一体化的积极效应有着重要意义。

综上所述,从制约条件来分析,东亚经济体大多为新兴及发展中国家(地区),金融体系并不发达,制度水平和贸易一体化程度也有待提高,因此金融一体化并未产生较为积极的宏观效应。Kose等(2007)的研究也显示对于新兴和发展中经济体而言金融一体化并没有显著增加风险分担机会,这些经济体需要加大其一体化程度以促进风险分担效应的提高。由此可见,较为发达的工业化国家已经进入了金融一体化与经济增长的良性循环:良好的基础条件→较高的金融一体化程度→积极的宏观效应→更高程度的金融一体化→进一步改善基础条件;而新兴及发展中经济体则属于不良循环:较弱的基础条件→低水平的金融一体化→消极的宏观效应→抑制金融一体化进程→阻碍基础条件改善。可见,如何提高国内的基础条件,进入金融一体化与经济增长、经济稳定互动的良性循环是东亚国家(地区)在金融一体化进程中需要突破的重要环节。

163

---

①　余诚、秦向东:《从贸易角度看东亚经济一体化的进程》,《国际商务》2011年第5期,第48页。

本章小结

本章对金融一体化的宏观效应及实现条件进行了研究。宏观效应包括经济增长和经济稳定效应。从经济增长效应来看,东亚金融一体化与经济增长不相关或负相关,不具备传统理论所描述的正相关关系。从影响因素来看,这种相关性受政府净收支及收入水平影响不大,部分受金融发展水平的影响,但影响方向与传统理论预期相反,在那些金融发展水平较高的国家(地区),金融一体化对经济增长的推动作用反而会受到抑制。从经济稳定效应来看,实证分析不充分支持金融一体化能平抑经济波动这一结论,但LFI 经济体的金融一体化对于抑制本国消费及产出的波动有一定作用,MFI 经济体的金融一体化则在一定程度上加大了产出和消费的波动。总体而言,东亚金融一体化与宏观经济存在一定的"跨时的替代"关系,即初期会有收益,中期会因信贷风险的积聚而抑制经济增长,加大经济波动,东亚 LFI 和 MFI 经济体处于金融一体化的不同阶段,在宏观效应方面也会有所差异。

从宏观效应的实现条件来看,东亚银行体系的脆弱性、债券市场的欠发达、较为薄弱的政策制度环境及层次较浅的贸易一体化都制约着金融一体化正向宏观效应的实现。在国内基础条件较弱的前提下,东亚陷入"薄弱基础条件→低水平金融一体化→消极宏观效应→阻碍金融一体化提升→抑制基础条件改善"的不良循环中。因此东亚经济体亟须改善国内基础条件,防范金融风险,促进经济增长、经济稳定与金融一体化的互动。

第五章　结论与政策建议

第一节　主要结论

本书首先分析了金融一体化的衡量方法及效应,在此基础上从利率平价、国际资本流动及风险分担等不同视角对东亚金融一体化进行度量,并研究了其宏观效应,包括经济增长效应和经济稳定效应。全书主要结论如下:

一、东亚金融一体化的度量

(一)基于利率平价视角的研究结论

本书分析了金融市场动态开放背景下东亚经济体与美国、日本的利率平价机制,包括非抵补利率平价和实际利率平价。前者主要通过 UIP 序列(两国利率差异与预期汇率变化率之差)进行检验,其收敛性和随机性分别代表长、短期利率平价成立条件,长期均衡值的大小和向该均衡的调整速度可反映对利率平价的偏离度和灵敏度;后者主要通过两国实际利率变化方向和程度的趋同性体现。通过与美国非抵补利率平价和实际利率平价的成立机制研究东亚对外金融一体化,通过与日本实际利率平价的成立机制研究东亚内部金融一体化,得出如下结论:

1. 东亚经济体与美国的利率平价在一定程度上成立

东亚经济体与美国的非抵补利率平价短期不成立,长期成立但存在偏离,金融危机之后非抵补利率平价的形成机制更为理想。金融危机前后东亚大多数经济体 UIP 序列并非随机游走但较为平稳,外界扰动造成的利率平价偏离是收敛的,会以一定的调整速度向均衡水平回归,这一长期均衡值的大小由交易成本、制度成本及风险溢价共同决定。亚洲金融危机之后东亚经济体 UIP 序列的随机性提高,对利率平价的偏离度降低,向长期均衡的调整速度也更快。

东亚经济体与美国实际利率平价机制在金融危机后成立,金融危机前不成立。东亚金融危机之前仅中国香港与美国的实际利率平价通过了检验;危机之后韩国、新加坡、菲律宾、中国台湾、中国香港与美国的实际利率平价均成立,可见东亚经济体与美国的实际利率平价形成机制逊于非抵补利率平价。美国的利率在东亚金融市场上具有一定的驱动地位,金融危机之后积极展开的金融合作使东亚经济体与美国的利率联系更为密切,对外一体化程度逐步提高。

2. 东亚经济体与日本的实际利率平价不成立

东亚经济体与日本的实际利率平价在金融危机前后均不成立。究其原因,与东亚金融市场"核心国"的缺位有关。日本在东亚金融市场中并未发挥"中流砥柱"的作用:从外资投向来看,日本的金融市场在广度、深度及成熟度方面都不及美国,很难成为东亚各国(地区)投资资金的集聚地;从贸易关系看,日本的贸易结构及国内市场缓慢的开放速度使东亚经济体对其贸易的依存度大大降低;从汇率稳定性来看,日元在亚洲金融危机中的竞争性贬值使其作为东亚核心货币的可能性进一步降低。以上原因使日本的实际利率尚未具备成为东亚金融市场基准利率的条件,核心利率的缺失使以此为基础的金融市场内部一体化困难重重。

3. 东亚经济体的金融自由化及区域金融合作会对利率平价产生影响

东亚经济体的金融自由化会对利率平价产生一定影响。从非抵补利率平价分析,金融自由化程度影响着资本内流的制度成本和交易成本,这两类成本和对外净资产所影响的负溢价水平综合决定着利率平价长期均衡值的正负和大小。此外,金融自由化差异会对瞬时利率平价产生一定影响:金融自由度高的经济体本期偏离值受上期影响较小,金融市场的效率也较高。但金融自由化差异不影响 UIP 序列的收敛性,金融自由化程度较高的经济体通过套利资本的自由流动使利率和汇率自发地相互调节以达到新的平衡,而金融自由化程度较低的经济体则更多由货币当局的干预来平衡,这两种途径都可以使 UIP 序列向均衡收敛,实现长期利率平价。从实际利率平价分析,其成立意味着商品和金融市场的自由套利,金融自由化程度越高、对利率及汇率等价格变量和资本市场管制越少,套利成本就越低,利率平价也更容易实现。

区域金融合作对利率平价的影响则更为显著。亚洲金融危机之后在东亚经济体内部及全球范围内出现的对外开放及贸易自由化改革显著提升了区域化和全球化水平,商品和服务市场的一体化程度大大提高;危机以后东亚国家(地区)在资本流动、利率形成及外汇市场方面金融合作的发展又进一步推进了金融市场的内、外部联系,这些因素共同降低了套利成本。表现为金融危机后东亚大多数经济体非抵补利率平价的形成机制更为理想,UIP 序列的随机性提高,对长期利率平价的偏离度降低,向长期均衡的动态调整速度加快。实际利率的变动也日趋同化,新加坡、中国香港等开放较早、相对成熟的金融市场与美国的实际利率平价机制已开始建立,实际利率的内部关联性也有所提高。

4. 取消管制、防范风险、加强合作是推动东亚金融一体化的重要举措

从利率平价的视角分析,促进东亚金融一体化应从多方面着手。首先,东亚国家(地区)应审慎推进金融自由化改革:逐步放松利率管制,完善汇率的形成机制,以适当的进度开放资本市场,构建灵活的汇率—利率传导机制。其次,应继续加强在经济、金融领域的各项合作:促进区内商品和服务贸易的一体化;协调成员国的汇率制度;协调本币债券市场、提高各国(地区)股票市场的联系性。最后,应在货币区基础上形成统一的金融市场利率,逐步取代美国利率在东亚金融市场的驱动地位,应加快我国利率和汇率制度的改革,促进中华经济区的构建,积极争取在东亚汇率—利率联动机制中的重要地位。

(二)基于国际资本流动和风险分担视角的研究结论

1. 基于国际资本流动的研究结论

本书通过外资总存量、外资流入存量、资本总流量、外资流入量、国际直接投资流量和证券投资流量等指标考察了东亚资本的跨境流动,并按金融一体化程度把东亚经济体分为 LFI 和 MFI 两类。各类指标的走势说明东亚金融一体化程度逐年提高,在亚洲金融危机后,两类经济体的差距逐渐拉大,MFI 经济体国际资本的存量与流量指标都显著高于 LFI 经济体。可见金融危机后东亚各国(地区)的金融改革和金融合作总体上提高了国际资本的存量和流量,但这种增长也是不平衡的,MFI 经济体成为了国际资本的主要聚集区。

2. 基于跨国风险分担的研究结论

(1)东亚国际消费风险分担水平较低

相关性分析表明东亚经济体的风险分担并不理想。本书研究了东亚总体、LFI、MFI 经济体本国消费与本国及世界产出、跨国消费的相关性。实证研究结论显示:从产出与消费的相关性来看,东亚各经济体国内消费与国内产出的相关性高于与世界产出的相关性,跨国消费相关性不高,跨国产出的相关性高于跨国消费的相关性,与理论预期的相关性相悖。回归分析也显示东亚国际消费风险分担系数在0.25以下且呈下滑趋势,两组金融一体化程度不同的经济体没有显著差异。可见,虽然传统的理论模型认为金融一体化会带来更多的消费平滑机会,使本国消费的波动从产出波动中分离出来,但东亚的金融一体化并未有效促进成员国(地区)的消费风险分担。

(2)东亚经济体跨国风险分担水平受多种因素影响

实证研究说明金融一体化程度、贸易开放度和金融发展水平较高、通胀水平较低的经济体国际消费平滑机会也更多。从上述因素出发也可解释东亚较低水平的跨国风险分担:第一,东亚金融一体化未达到能促进消费风险分担的"门槛"水平,消费平滑的机会有限。第二,东亚经济体有很多关税和非关税的贸易壁垒存在,提高了消费平滑的交易成本。第三,东亚各国的金融发展水平较低,使得通过借贷和证券投资进行风险分担的机会大大减少。第四,东亚区内生产要素的流动性较差,商品中的非贸易品也占有一定比重,使得一些冲击无法通过跨国风险分担进行平滑。

东亚金融一体化程度不同的两类经济体跨国风险分担的影响因素存在显著差异:MFI经济体的金融一体化度及贸易开放度高于LFI经济体,跨国风险分担受这两类因素影响也十分显著,而LFI经济体则不显著,可见上述因素需要达到一定水平才会对消费平滑产生影响,具有"门槛"效应。金融发展在信贷规模较低的LFI经济体中促进了跨国风险分担,而在信贷规模相对较高的MFI经济体中则产生了抑制作用,说明在东亚信贷配置效率低下、信贷风险较高的前提下,金融发展对国际消费平滑起到了"双刃剑"的作用:低于一定水平的信贷扩张会提供更多的消费平滑机会,但若不及时控制不断积聚的金融风险,更多的信贷投放可能会

169

抑制消费风险分担。

(3)应从市场构建、主体培育及成本降低等方面完善跨国风险分担机制

完善跨国风险分担机制需要从以下方面入手:一是改善市场环境,积极发展东亚信贷市场、债券市场和股票市场。东亚的跨国风险分担更多依靠信贷市场,应加强政府协作,减少信贷市场的信息不对称;目前区域资本市场在东亚风险分担中的作用微乎其微,应促进亚洲债券市场的统一,完善亚洲债券基金,逐步提升股票市场的合作层次。二是在培育市场主体的同时积极发挥政府职能。应加强银行治理,积极培育资质较高的跨国市场主体和中介服务体系,降低跨国借贷的风险;构建和发展财政转移支付体系,发挥各国政府在消费和收入平滑中的作用。三是提高商品和生产要素流动性。要降低贸易品和要素流动的交易成本,从而降低消费平滑交易成本,以便于更有效地分散外界冲击,提高国际消费风险分担水平。

170

二、东亚金融一体化的宏观效应

本书分析了东亚金融一体化的经济增长和经济稳定效应及其实现机制。

(一)东亚金融一体化与经济增长关系的结论

1. 东亚金融一体化并未有效促进经济增长

统计分析显示,从存量和流量指标来看东亚总体、LFI 和 MFI 经济体金融一体化与经济增长在大多数时间都负相关。回归分析表明,综合政府净收支、收入水平、金融发展等控制变量,总样本各金融一体化指标均与经济增长显著负相关。LFI 经济体中以存量表示的金融一体化指标与经济增长显著负相关;MFI 类经济体所有金融一体化指标均与经济增长负相关,其中三个具有显著性。可见金融一体化并未有效推动东亚的经济增长。

2. 各类因素的影响存在差异

东亚金融一体化与经济增长关系会受诸多因素影响,按大小排序依次为金融发展、收入水平和政府净收支,影响方向都与传统预期相反。从较为重要的金融发展因素看,在那些金融发展程度较高的国家(地区),金融一体化对经济增长的促进作用反而会被削弱,这充分反映了东亚金融体系的低效性:在银行体系较为脆弱、信贷市场不完善的前提下,信贷资金的配置是低效率的,信贷的投放量越大对经济增长的阻力越明显。收入水平的影响方向与传统预期相反,在那些富裕的经济体中金融一体化对经济增长的推动作用会减弱。政府净收支对金融一体化与经济增长的关系没有显著影响。

(二)东亚金融一体化与各国经济稳定性的结论

1. LFI 和 MFI 经济体宏观变量的波动情况各异

总体而言 LFI 经济体的波动幅度最大但有下降趋势;MFI 经济体的波动相对较小但有上升趋势。在整个样本期内 LFI 经济体总收入、居民消费、总消费的波动性最大。动态来看,各类波动的平滑曲线分析表明 LFI 经济体在 20 世纪 80 年代处于较高水平,然后开始降低,而 MFI 经济体在 80 年代和 90 年代初波动性较低,2000 年后则升至相对较高水平。在大多数年份 MFI 经济体的产出及收入波动性都低于 LFI 经济体。1997 年金融危机之后 LFI 经济体的消费波动开始下降并低于 MFI 经济体。

2. 金融一体化的经济稳定效应并未得到显著体现

金融一体化的经济稳定效应在东亚 MFI 经济体中并未得到体现:2000 年以后 MFI 经济体金融一体化程度大幅提高,而各宏观经济变量的波动性却升至相对较高水平;该阶段的居民消费和总消费波动甚至还高于 LFI 经济体。金融一体化在一定程度上降低了 LFI 经济体的消费波动。对比金融一体化程度相对较高的1998—2007 年和较低 1979—1995 年,LFI 经济体总产出和总收入

的波动都没有显著下降,而消费波动有了显著下降,2003 年以后开始低于 MFI 经济体。相关性分析表明 LFI 经济体国际资本流量与经济波动负相关,其中与消费波动的负相关性较为显著,MFI 经济体两者则呈现较弱的正相关关系。可见金融一体化对于提高 MFI 经济体宏观经济的稳定性并无积极作用,对于降低 LFI 经济体的消费波动起到了一定的作用,总体而言金融一体化的经济稳定效应并不显著。

3. 消费平滑和门槛效应可部分进行解释

总消费与总收入之比的波动性可部分反映消费平滑机会的多少。在 1997 年金融危机之后,LFI 经济体的这一指标显著降低,说明金融一体化水平的提高使 LFI 经济体获得了更多的消费平滑机会,消费波动性也有所降低;而 MFI 经济体 1997 年后这一比值的波动性呈上升趋势,消费平滑的机会减少,消费的波动性也增加。但是金融一体化并未有效降低两类经济体产出的波动性,这可用 Prasad(2004)的"门槛效应"进行分析。Prasad 提出外资流量占 GDP 的比重应达到 50% 以上才可有效降低宏观经济的波动性,然而东亚 MFI 经济体外资总流量占 GDP 比重不超过 30% ,LFI 经济体不到 10% ,均未达到门槛要求,所以难以平抑产出波动。

(三)东亚金融一体化宏观效应的综合结论

总体而言,东亚金融一体化与宏观经济存在一定的跨时的替代关系(Fratzscher 和 Bussiere,2004):即金融一体化的初期阶段是有收益的,尤其是在东亚信贷市场不完善的条件下,资本的迅速流入会推动经济增长,LFI 经济体即处于这一阶段;随着信贷风险的不断积聚,到 MFI 经济体所处的金融一体化中期以后,金融风险就会凸显,从而抑制经济增长,加大经济波动。此外,从宏观效应的实现条件来看,东亚银行体系的脆弱性、债券市场的欠发达、较为薄弱的政策制度环境及层次较浅的贸易一体化都制约着金融一体化积极宏观效应的实现,因此东亚经济体亟须改善国内基础条件并防范金融风险,进入工业化国家经济发展与金融一体化互动的良性循环。

第二节 促进东亚金融合作及
经济增长的政策建议

综上所述,金融合作的加强使东亚金融一体化程度有了很大提高,但利率—汇率的联动机制尚缺乏弹性,各国消费的联系性仍然较低,跨国的风险分担机制尚未建立,且由于金融发展、制度环境、贸易和金融开放水平的局限,东亚的金融一体化并未产生很理想的经济增长及经济稳定效应。如何在推动东亚金融一体化的同时实现积极的宏观效应是一个亟待解决的问题,根据本书的分析结论,笔者从以下方面提出建议:

173

一、促进东亚利率的稳定及汇率的联动

首先,加强货币合作,建立起亚洲的汇率联动机制。亚洲金融危机前,东亚很多经济体都保持着固定汇制,使其暴露于国际游资冲击的巨大风险之处,危机之后很多国家开始采取弹性或有管理的浮动汇制。从长远的稳定性考虑,应建立起东亚区域性的汇率联动机制。对此刘振林(2006)在已有文献的基础上归纳了几种思路①:一是欧元化路径,将美元、日元、欧元等按权重组成货币篮子,稳定汇率的目标是盯住一揽子货币;二是构建以美元为中心的联动汇率机制;三是构建以日元为中心的汇率联动机制;四是构建

———————

① 刘振林:《东亚货币合作与人民币汇率制度选择研究》,中国经济出版社 2006 年版,第 136—137 页。

以人民币为核心的汇率联动机制。在次区域货币合作的基础上建立起东亚汇率的联动机制是推动亚洲建立货币联盟的重要环节。

其次,协调货币政策,维持东亚经济体利率的稳定与趋同。随着东亚国家(地区)金融市场的不断开放,国际资本的流量也日益增加,若各国利率水平差异较大,会吸引大量资本集中流向高利率国家,这种大规模的资本转移会冲击一国的金融体系,在汇率制度缺乏弹性的情况下会造成宏观经济的失衡。因此东亚各国应在互相沟通的基础上适当调控利率水平,避免高利差所引起的资本频繁波动。利率的一体化以汇率的协调为基础,根据先建立"华元"区、"东盟元"区等次级货币区、再推行统一亚洲货币的思路,可先在各次级货币区形成区域性的核心利率,在此基础上形成统一的金融市场利率,逐步取代美国利率在东亚金融市场的驱动地位,推动东亚内部金融一体化。

最后,东亚各成员国应建立起灵活的利率—汇率传导机制。要审慎推进金融自由化改革,逐步放松利率管制、有序地推动利率市场化进程;完善汇率的形成机制,建立和发展远期外汇市场,提供更多的外汇交易工具,维持稳定的汇率政策,提高外汇市场效率;结合本国的经济发展水平和金融稳定性,以适当的进度开放资本市场,提高资本的利率弹性。

二、构建高效的跨国风险分担机制

在以利率联系和跨国资本流动衡量的东亚金融一体化程度不断提高的背景下,东亚经济体的消费联系性并无显著增加,风险分担系数还有下降趋势,说明东亚的跨国风险分担机制尚不理想。跨国的风险分担主要通过资本市场、信贷市场、财政转移支付三种渠道(郑海青,2008),前两种渠道为市场渠道,后者为政府渠道,具体措施包括:

第一,推进亚洲资本市场建设。在东亚的跨国风险分担中,区域资本市场的作用微乎其微,具体包括区域债券市场和股票市场。首先,应大力发展亚洲债券市场。一是东亚各成员国应积极发展本国的债券市场,以促进亚洲债券市场的统一;二要完善亚洲债券基金的运作,2003年和2005年已成功实施了第一期和第二期基金,对于优化东亚融资结构和储备结构发挥了重要作用,以后的亚洲债券基金应向投资客体多元化和主体多元化方向发展,即投资对象可向美元及本币的企业债券方向拓展;投资主体除了政府投资者外,还应逐步吸引非政府的机构及个人参与(尹小平、王雷,2007);三是要完善债券市场的相关制度,包括监督系统、会计标准、信息披露制度、清算评级制度及高效的信息传递机制等。其次,应进一步推进亚洲股票市场合作。在东亚金融体系尚不稳定、大多数成员国的股票市场并不发达的背景下,股票市场的一体化应审慎地逐步推进,速度过快会加大金融资产的价格波动,增加金融体系的系统风险,目前股票市场的合作可先从证券服务业的放开及本国企业异地上市这一层面展开,进而过渡到交易所层次的合作。

第二,降低银行体系的脆弱性,促进区域信贷市场的发展。由于资本市场的欠发达,东亚经济体的跨国消费平滑主要依靠以银行为中介的借贷市场,脆弱的银行体系在一定程度上约束了跨国借贷行为。因此应加强东亚银行体系的治理,降低跨国借贷的流动性风险、操作风险和违约风险,具体包括降低不良贷款比例、疏通资金来源渠道、强化银行的监管机制、完善银行的内部治理结构、建立银行脆弱性预警系统等。在完善银行体系的基础上发展东亚信贷市场,拓宽融资方式,积极培育资质较高的跨国公司、跨国金融机构、跨国评级机构等市场主体和中介服务体系。针对国际信贷市场上普遍存在信息不对称现象,各国政府应加强协作,充分利用政府的信息渠道,加大信息公开力度,强化监督机制。

第三,构建和发展财政转移支付体系,发挥各国政府在消费和

收入平滑中的作用。本书的实证研究显示总消费的波动与居民消费的波动曲线相似度较高,说明政府并未充分发挥在消费平滑中的积极作用,因此东亚各国(地区)应完善各自的财政转移支付制度:明确目标定位,明晰各层级政府的事权划分,优化转移支付结构,改进转移支付的分配方法。此外,在各成员国沟通和协作的基础上强化东亚区内的转移支付,设立相应的国际组织和专项的基金来承担这一职能,作为东亚市场化跨国风险分担的有效补充。

三、积极推进金融一体化的同时加强防范风险

如前所述,东亚的金融一体化与经济增长存在"跨时替代关系",MFI 经济体正处于金融开放的中期阶段,金融一体化对经济增长的抑制作用及对宏观经济波动的放大作用已有所体现。LFI经济体处于初级阶段,会有一些正向的收益,但随着金融开放度的提高,进入中期阶段后金融一体化的负向影响也会逐渐显现。因此东亚经济体在积极参与金融合作的同时,应加强风险防范,具体包括以下措施:

第一,在保持金融稳定的前提下审慎进行金融开放。东亚各成员国的银行体系较为脆弱,金融资产的泡沫风险较高,金融体系中存在大量不稳定的因素,在这种背景之下盲目开放资本市场会进一步放大金融体系的脆弱性,积聚金融风险,因此应采用一种安全度较高的渐近式开放模式。首先是各经济体内部的开放,包括本国生产、贸易和金融的自由化,要建立内部大市场,培育国内企业的核心竞争力,加强各行政区域间的整合,避免低水平的重复竞争。其次是对东亚地区的开放,在沟通与协作的基础上加强东亚各成员国间的货币、金融、贸易合作,推动东亚内部一体化。再次是对外的开放,即加强与全球金融市场的联系,促进对外一体化。实证结论说明东亚对外一体化程度高于对内一体化,这与东亚现阶段的经济金融发展水平不相称,应加大区域合作的力度,提高内

部金融一体化水平,在此基础上审慎推进对外金融一体化。

第二,推动各成员国的监管合作,减少监管套利,提高监管效率。监管套利是指"在其他条件相同的情况下,金融机构利用不同监管机构在监管规则和标准上的不同甚至是冲突,选择监管环境最宽松的市场进行经营活动,从而达到降低监管成本、规避管制从而获取超额收益的目的",其原因与各国的监管重叠和监管真空、监管差异及竞争所导致的监管放松有关(时辰宙,2009)。东亚各成员国经济、金融、文化背景差异较大,监管理念、模式、手段也各有不同,金融一体化的推进为监管套利提供了可乘之机,在东亚金融体系较为脆弱的背景下,监管套利的存在埋下了较大的金融隐患。因此东亚各国应加大监管合作,签订谅解备忘录,减少监管分歧和不必要的监管竞争;在各国监管重叠和监管真空的领域达成共识,明晰权责;在沟通的基础上达成协议,统一标准,将跨境监管制度化,减少跨国监管套利机会;成立专门的实体机构对金融机构及金融产品进行跨境监管,不断提高监管合作的层次和水平。

四、促进东亚各国(地区)的政策协调

东亚经济体整体上具有较弱的经济冲击相关性,使不同成员面对外来冲击时采取了不同的应对措施,政策的协调难度较大,加大了对冲击的不确定性预期,不利于吸引以价值收益为主要目标的长期资本。加之东亚经济体在经济金融发展水平上参次不齐,难以协调各成员国的利益,因此应在金融一体化的动态进程中不断加强对外开放,促进成员国的政策协调,具体包括:

在货币合作方面,东亚各成员国的利率、通胀水平、财政赤字都有较大的差异,应效仿欧盟设定这三类指标趋同的标准:针对各国的具体情况实施不同对策,调整东亚区内的通货膨胀水平;将各国财政赤字占国民生产总值的比重调整在合理的范围内;将成员国的利率水平控制在合理范围内,逐渐缩小利率差异。

债券市场合作中应设立区域化的监管机构、监管准则,完善区域监管系统;协调资信评级机构,促进区域资信评级体系的成立;协调交易系统、清算及结算系统;协调会计和审核标准,制定强制性条款和选择性条款相结合的协调制度,循序渐进地进行会计和审核标准的协调(黄海波,林洋,2008)。

股票市场合作中应协商建立统一的监管机构,在协调各国利益的基础之上设立统一的监管框架;在发行制度方面,各成员国的管制程度各不相同,三种不同的发行制度——审批制、核准制及注册制体现了不同程度的行政干预,应在协商基础上减少发行制度的差异;各交易所在上市规则方面也大相径庭,对同一层次的证券市场应建立起统一的上市标准;此外在信息披露制度方面也应进一步规范化,建立跨国的监管组织对信息披露进行监管;在会计和审计准则方面也应进一步协调,逐步建立起与国际接轨的会计和审计制度。

第三节 中国在东亚金融一体化进程中的对策

中国正处于金融开放的初期阶段,利率、汇率及资本账户都未完全放开,目前以外资总流量表示的金融一体化对中国经济增长有积极的正向促进作用,但是随着金融开放度的进一步提高,利率风险、汇率风险、信贷风险都会进一步放大,如果没有一个发达的金融体系的支撑,金融一体化对经济增长的抑制作用会逐步凸显,宏观经济的波动也会加大。中国应如何规避风险、实现金融一体化的正面宏观效应是值得探究的,以下将从利率—汇率联动机制的构建、风险分担机制的定位、金融市场开放及监管强化等方面提出建议。

一、建立动态金融开放背景下的利率—汇率联动机制

金融一体化会使各国的利率—汇率联系日益密切,市场化的利率—汇率联动需要三个条件:利率市场化、汇率市场化及资本的自由流动。我国目前尚不具备上述条件,利率—汇率的联动更多依靠宏观调控完成。在我国金融体系尚不完善的前提下,以上的开放应逐步推进。

首先,进一步推进利率市场化改革。一是逐步放开利率管制,在放宽存款利率上限和贷款利率下限的基础上逐步推进存贷款利率的市场化。二是梳通利率传导途径,提高以 SHIBOR 为基础的金融市场基准利率形成的科学性,推广其在金融产品定价中的应用范围,提高金融机构的资产配置效率,拓宽金融机构的融资渠道,改进商业银行利率定价机制,提高微观主体对市场利率的敏感度。三是完善中央银行的利率调控机制,转变利率调控方式,构建我国中央银行利率调控框架,加强央行的利率风险管理并为之提供技术支持,明确调控的目标利率,不断完善中央银行的利率体系。

其次,资本账户开放应与金融一体化的进程相配合。我国现已进一步放宽了国内企业对外投资的限制,但主要集中在海外投资的用汇额度上,应逐步推动使用人民币对东亚其他国家进行直接投资;目前我国的直接投资账户较为开放,证券投资账户存在较严管制,应有选择地引入国际金融机构在内地发行人民币债券,允许符合条件的非银行金融机构对外进行证券投资,逐步放宽 QDII 制度中对投资额的限制,转变行政化的审批模式为市场化审批。此外,随着利率市场化改革的不断推进,应对短期资本的流动进行严格控制,为利率市场化提供较为稳定的国际金融环境,结合利率市场化的进程适当调整资本账户的管理措施,以促进市场化的汇率—利率联动机制的协调运行。

再次,完善人民币汇率的形成机制。在我国对利率和资本账户尚存在较多管制的前提下,建立市场化汇率机制的时机尚未成熟,介于固定与浮动汇制之间的中间汇率制度是较为理想的选择。目前讨论较多的是人民币汇率目标区制,这一制度要求成员国阻止汇率偏离目标区,这一爬行目标区要体现各国通胀的差异及满足国际收支的需要。按照经济发展的相关性,可首先促进中华经济区的构建,推动两岸四地货币一体化,同时应扩大与东盟、日本及韩国的经济金融合作,实现中国与东盟的汇率联动,再将联动区逐步扩大至东亚整体。配合这一进程需继续进行人民币汇率改革,发展并完善外汇零售和批发市场,改进央行调控手段,加速人民币的区域化、国际化进程,培育中国在东亚汇率—利率联动机制中的重要地位。

二、积极参与东亚金融合作,争取跨国风险分担收益

本书的实证研究显示金融一体化并未提高东亚经济体跨国消费的相关性,跨国风险分担机制并不完善,究其原因与区域资本市场的欠发达、贸易开放度不高及生产要素缺乏流动性有关,我国应从上述方面出发,在积极参与东亚金融合作的同时争取跨国风险分担收益。

首先,在推进亚洲资本市场的建设中争取主动地位。区域资本市场的不发达使东亚跨国消费平滑的机会大大降低,我国应积极参与到亚洲资本市场的建设中,争取占据主要地位。从债券市场建设来看,应在完善本国债券市场的基础上,利用中国香港和其他发达经济体较为紧密的金融联系和金融基础设施,推动发行人民币债券或其他币种债券,丰富亚洲债券市场的融资品种,同时积极推动双边债券市场的合作。在股票市场合作层面上,应进一步从市场规则、市场主体、市场形态和结构、风险管理等方面完善我国股票市场,稳妥地推进股票市场开放,推动中国内地和香港股票

市场在产品、资金、机构及监管层面的互动,推动与其他东亚成员国的跨国监管合作①。总之,一个较为完善的区域资本市场既可提供更多的投资和消费平滑机会,又可防范由于游资冲击而产生的经济波动风险,我国应积极参与这一市场的构建,争取跨国风险分担收益。

其次,提升在东亚贸易合作中的地位。在东亚的风险分担中,作为借贷市场平滑消费的跨期贸易所发挥的作用较小,主要原因在于东亚贸易一体化程度低于欧美(郑海青,2009)。并且贸易合作层次较浅:东亚经济体的区域合作主要处于较为初级的部门优惠贸易安排和自由贸易区两个阶段,目前的重点是建设东亚自由贸易区,其中包括中、日、韩三国的东北亚自由贸易区的建设尤为重要。中国作为一个贸易大国在其中占据重要地位,中国应继续加强与"大周边"贸易伙伴的区域合作;随着跨国公司业务的不断展开,东亚垂直一体化的生产网络日益形成,中国目前属于分工中初级要素的提供者,应进一步提高产品的技术含量,平衡与东亚其他经济体的贸易逆差,提高在亚洲生产网络中的分工地位(徐春祥,2008)。随着贸易一体化程度的提高,消费平滑机会也会日益增多,中国也会从这种跨国的风险分担中获得更大的福利。

再次,促进与东亚经济体的人才交流,提高生产要素的流动性。东亚经济体的要素流动性较差,尤其是劳动力的流动受到限制,使一些外在冲击无法通过资产分散化进行平滑。要素流动的阻力有显性屏蔽效应和隐性屏蔽效应两种:前者如关税和非关税等等,后者主要表现为边界两边的社会或民族在语言、历史、文化、风俗和习惯等方面的不同而导致的交流障碍,这两种障碍的存在提高了要素流动的交易成本(万新鲲,2008)。后者成为了东亚劳

181

---

① 中国人民大学课题组:《亚洲金融一体化研究》,中国人民大学出版社2006版,第176、256页

动力流动不足的主要原因。劳动力资源较低的流动性与对外贸易及投资的迅速发展形成鲜明对比。为突破这一瓶颈,中国应充分发挥劳动力资源丰富的比较优势,积极与东亚其他成员国进行人才交流,尤其是在一些互补领域内的人才交流,采取扶持政策引进优秀人才,鼓励就业压力较大行业的劳务输出,在共同协商的基础上适当取消部分对于劳动力跨境流动的限制,从而降低要素流动的交易成本,以便于更有效地分散外界冲击,提高金融一体化的风险分担收益。

三、审慎开放金融市场的同时加强监管

首先,确立风险管理的监管理念,加强对金融机构的监管。应把风险控制作为监管的核心,对于国内商业银行应建立信用风险管理体制,完善商业银行风险控制的法律体系及风险评估机构,降低信用风险。对于外资银行应设立专门的监管机构,保证监管的有效性;对市场准入的监管应进一步细化,针对外资银行的规模、国别、经营业绩、风险管理等设置不同的准入标准。此外,还应建立综合的监管体系,协调对于银行、证券公司、保险公司、评级机构等金融机构的监管,迅速发展的金融衍生工具已将上述金融机构链接起来,开放的金融体系又将一国金融链条上的风险向全球传递,而现有的监管体系决定了各金融机构对于金融风险的监控是"各自为政"的,因此有必要建立统一的机构协调各金融机构的金融风险,对整个金融链条上的风险进行综合调控。

其次,注重国际合作,加强跨境监管。金融产品的不断创新加大了监管的技术难度,随着我国金融开放的加深,金融风险也日益国际化,针对国际金融风险应加强金融机构的跨境监管,这就要求加强与东亚其他成员国在监管层面的合作,共同抵御国际游资的冲击。此外,跨国公司及跨国金融机构内部的风险传递较为迅速,全球化的分布格局又加大了监管难度,因此不仅应监控其在我国

的子公司,还应与母公司所在国协调,加强对母公司的监控;很多金融衍生工具经过层层证券化后国界已变得较为模糊,对于这类金融产品更应在与其他国家合作的基础上进行跨国监管。

再次,金融监管模式应与金融一体化的动态进程相协调。伴随着东亚金融一体化的进程,我国正有序地进行金融自由化改革,逐步放开对利率和汇率的管制。金融自由化会加强金融的脆弱性,也凸显了传统金融监管的弊端:机构性金融监管模式难以适应金融业混业发展的趋势,局限于国家层面的监管模式难以适应金融全球化的发展趋势,传统的监管范围不适应跨国银行新的业务范畴。因此必须转变传统的监管模式,建立金融一体化背景下的新监管体系:适应全能银行的发展模式,由分业监管转向混业监管,在强化法定监管的同时充分重视行业自律监管,形成多元化、全方位的金融监管体系;适应金融创新全球化的发展模式,防范金融衍生品的跨境传导风险,对于证券化的金融衍生品应严把基础资产质量关,控制证券化链条上每一环节的风险;金融市场的会计准则和审计标准应尽量采用国际通行标准,对于发行及上市的监管准则也应尽量与国际接轨,以降低监管成本,便于统一监管。总之要及时调整监管模式,不断进行监管创新,主动加强监管合作,适应金融一体化对金融监管的新要求。

183

第四节　主要不足及后续研究展望

本书对东亚金融一体化进行度量并分析了其宏观效应,由于种种条件的局限,还存在以下不足,可在后续研究中加以改进。

1. 主要采用了利率平价法、资本流动法和消费相关法分析了东亚金融一体化,未用国际资产定价法进行研究。后续研究可应用条件国际 CAPM 模型来分析东亚金融市场,即考虑均值、方差

随时间变化条件下的资产定价,并以各地区信息变量和东亚市场共同的信息量作为信息工具,用广义矩估计法进行估计,从资产定价的角度分析东亚的金融一体化。

2. 主要分析了东亚金融一体化的宏观效应,即金融一体化对经济增长和经济波动性的影响,以及宏观效应的约束条件和实现机制,并未涉及微观效应的研究。在后续研究中可结合东亚各国资本市场的具体限制及金融一体化的进程,构建适用于东亚的国际资产定价模型,分析东亚在半开放半封闭这一特定市场结构下的资产组合及定价,在此基础上研究消费者的消费平滑收益及投资者的风险规避收益,并对东亚各经济体的福利收益进行对比。

3. 在研究金融一体化与经济增长关系时采用了总资本流量和存量指标衡量金融一体化,在后续研究中,如果具备相应的数据条件可分别分析东亚区域内部的资本流动和区域外的资本流动对经济增长的不同影响,在此基础上对比东亚内部和外部金融一体化对经济增长影响的差异。

参 考 文 献

英文文献

1. AdlerMichael and Dumas Bernard, "International Portfolio Choice and Corporation Finance: A Synthesis", *The Journal of Finance*, Vol. 38, No. 3, June 1983, pp. 925–984.

2. AhmadZubaidi Baharumshah, Chan Tze Haw, Stilianos Fountas, "A Panel Study on Real Interest Rate Parity in East Asia Countries: Pre-and Post-liberalization era", *Global Finance Journal*, Vol. 16, Issue 1, August 2005, pp. 69–85.

3. Alberto Giovannini, Philippe Jorion, "The Time Variation of Risk and Return in the Foreign Exchange and Stock Markets", *Journal of Finance*, Vol. 44, Issue. 2, November 1989, pp. 307–325.

4. Alex Luiz Ferreira, Miguel A. Leo'n – Ledesma, "Does the Real Interest Parity Hypothesis Hold? Evidence for Developed and Emerging Markets", *Journal of International Money and Finance*, Vol. 26, Issue 3, April 2007, pp. 364–382.

5. Basak Suleyman, "An Intertemporal Model of International Capital Market Segmentation", *The Journal of Financial and Quantitative Analysis*, Vol. 31, No. 2, 1996, 161–188.

6. Bayraktar Sema, "International Asset Pricing and Exchange Rate

Risk：Theoretical Exposition，Numerical Analysis，and Empirical Investigation under Integrated and Frictional Capital Markets"，Thesis（Phd），*Drexel University*，http：//dspace. library. drexel. edu/bitstream/1860/21/1/bayraktar_thesis. pdf，December 2000，pp. 1-20.

7. Beakaert Geert，Harvey Campbell R，"Time-varying World Market Integration"，*The Journal of Finance*，Vol 1. No 2，June 1995，pp. 403-423.

8. Campbell，J. Y，"Intertemporal Asset Pricing without Consumption Data"，*American Economic Review*，Vol. 83，No 3，June 1993，pp. 487-512.

9. Campbell，J. Y，"Understanding Risk and Return"，*Journal of Political Economy*，Vol. 104，No2，Apprial 1996，pp. 298-345.

10. Chang Jow-ran，Errunza Vihang，Hogen Ked，Hung Mao-wei，"An Intertemporal International Asset Pricing Model：Theory and Empirical Evidence"，*European Financial Management*，Vol 11，No. 2，March 2005，173-194.

11. Chang Jow-Ran，Hung Mao-Wei，"An International Asset Pricing Model with Time-Varying Hedging Risk"，*Review of Quantitative Finance and Accounting*，Vol 15，No 3，Novmber 2000，pp. 235-257.

12. Cheung Yin-Wong，Chinn Menzie D，Fujii Eiji，"The Chinese Economies in Golbal Context：the Integration Process and its Determinants"，*Journal of the Japanese and International Economies*，Vol. 20，No1，March 2006，pp. 128-153.

13. Cheyng Yin-Wong，Chinn Menzie D. ，Fujii. Eiji ，"China，Hong Kong，and Taiwan：A Quantitative Assessment of Real and Financial Integration"，*China Economic Review*，Vol. 14，No 3，2003，pp. 281-303.

14. Chinn Menzie D & Frankel Jeffrey A，"Who Drives Real Interest Rates Around the Pacific Rim：the USA or Japan?"，*Journal of*

IntemationalMoney and Finance, Vol. 14, Issue 6, December 1995, pp. 801-821.

15. David Tat-Chee Ng, "Three Essays on International Asset Pricing", Submitted in Partially Fulfillment of the Requirements for the Degree of Doctor, *Columbia University*, Thesis(Phd), http://en. scientific-commons. org/48402545,2000, pp. 8-13.

16. De Ménil Georges, "Real Capital Market Integration in the EU: How Far Has It Gone? What Will the Effect of the Euro Be?", *Economic Policy*, Vol. 14, Issue 28, Appril 1999, pp. 165-201.

17. De Santis Giorgio, Gerard Bruno, "International Asset Pricing and Portfolio Diversification with Time-Varying Risk", *The Journal of Finance*, Vol. 52, No. 4, December 1997, pp. 1881-1910.

18. De Santis, Giorgio. and Gerard Bruno, 'How Big is the Premium for Currency Risk?' *Journal of Financial Economics*, Vol. 49, 1998, pp. 375-412.

19. Doron Avramov, John C. Chao, "An Exact Bayes Test of Asset Pricing Models with Application to International Market", *Journal of Business*, vol. 79, No. 1, 2006, pp. 293-323.

20. Dumas, B. and Solnik, B, "The World Price of Foreign Exchange Rate Risk", *Journal of Finance*, Vol. 50, Issue 5, December 1995, pp. 445-479.

21. Edison Hali J., Levine Ross, Ricci Luca and Sløk Torsten, "International Financial Integration and Economic Growth", *IMF Working Paper WP/02/145*, http://www. imf. org, 2002, pp. 2-30.

22. Epstein, Larry. G. and Zin, Stanley. E, "Substitution, Risk Aversion, and the Temporal Behavior of Consumption and Asset Returns: An Empirical Analysis", *Journal of Political Economy*, Vol. 99, Issue 2, April 1991, pp. 263-286.

23. Eric van Wincoop, "How Big are Potential Welfare Gains from

International Risksharing?", Journal of International Economics, Vol. 47, Issue 1, February 1999, pp. 109–135.

24. Errunza, Vihang, and Losq Etienne, "International Asset Pricing under Mild Segmentation: Theory and Test?", *Journal of Finance*, Vol. 40, Issue 1, 1985, pp. 105–124.

25. Errunza Vihang, Losq Etienne and Padmanabhan Prasad, "Tests of Integration, Mild Segmentation and Segmentation Hypotheses", *Journal of Banking and Finance*, Vol. 16, Issue 5, Semptember 1992, pp. 949–972.

26. Errunza Vihang, Losq. Etienne, "Capital Flow Controls, International Asset Pricing, and Investors, Welfare: A Multi − Country Framework", *The Journal of Finance*, Vol 44, Issue 4, September 1989, pp. 1025–1037.

27. Eugene F. Fama, Kenneth R. French, "Multifactor Explanations of Asset Pricing Anomalies", *The Journal of Finance*, Vol 51, Issue 1, March 1996, pp. 55–84.

28. Eugene F. Fama, Kenneth R. French, "Value versus Growth: The International Evidence", *The Journal of Finance*, Vol LIII, No. 6, December 1998, pp. 1975–1999.

29. Eun, C. S, Janakiramanan S, "A Model of International Asset Pricing with a Constraint on the Foreign Equity Ownership", *Journal of Finance*, Vol. 41, Issue 4, Septmeber 1986, pp. 1025–1037.

30. Ferson, Wayne E, "Are the Latent Variables in Time − varying Expected Returns Compensation for Consumption Risk?", *Journal of Finance*, Vol. 45, Issue 2, June 2006, pp. 397–430.

31. Gikas A. Hardouvelis, Dimitrios Malliaropulos and Richard Priestley, "EMU and European Stock Market Integration", *Journal of Business*, Vol 79, No. 1, January 2006, pp. 365–391.

32. Gultekin, N. Bulent (1983), "Stock Market Returns and Inflation:

Evidence from other Countries", *Journal of Finance*, Vol. 38, No. 1, March 1983, pp. 49–65.

33. Harvey Campbell R, "The World Price of Covariance Risk", *The Journal of Finance*, Vol. 46, No. 1, March 1991, pp. 111–157.

34. Haim Levy; Marshall Sarnat, "International Diversification of Investment Portfolios", *The American Economic Review*, Vol. 60, No. 4. Semptember 1970, pp. 668–675.

35. Hietala, P. T, "Asset Pricing in Partially Segmented Markets: Evidence from the Finnish Market", *Journal of Finance*, Vol. 44, No. 3, July 1989, pp. 697–718.

36. Hsing Fang, "Foreign Investment Barriers and International Asset Pricing", *Journal of Finance and Accounting*, Vol. 8, Issue 4, June 1991, pp. 531–540.

37. John Y. Campbell, "Intertemporal Asset Pricing without Consumption Data", *The American Economic Revie*. Vol. 83, Issue 3, June 1993, pp. 487–512.

38. Jeon Jongkyou, Oh Yonghyup and Yang Doo Yong, "Financial Market Integration in East Asia: Regional or Global", *Asina Economic Papers*, Vol. 5, No 1, Winner 2006, pp. 73–89.

39. Jong-Cook Byun & Son-Nan Chen, "International Real Interest Rate Parity With Error Correction Models", *Golbal Finance Journal*, Vol. 7, Issue 2, Autumn-Winter 1996, pp. 129–151.

40. Kate Phylaktis, "Capital market integration in the Pacific – Basin Region: An Analysis of Real Interest Rate linkages", *Pacific–Basin Finance Journal*, Vol 5, No. 2, June 1997, pp. 195–213.

41. Kose M. Ayhan, Prasad Eswar, Rogoff Kenneth, and Wei Shang-Jin "Financial Globalization: A Reappraisal", *IMF Working Paper*. WP/06/189, http://www. imf. org, 2006, pp. 1–94.

42. Kose M. Ayhan, Prasad Eswar S. , and Terrones Marco E, "How Does

Fonancial Globalization Affect Risk Sharing? Patterns and Channels", *IMF Working Paper*, WP/07/238. http://www. imf. org, pp. 1-43.

43. K. J. Martijn Cremers, "Multifactor Efficiency and Bayesian Inference", The Journal of Business, Vol. 79, Issue 6, pp. 2951-2998.

44. Larry G. Epstein; Stanley E. Zin, "Substitution, Risk Aversion, and the Temporal Behavior of Consumption and Asset Returns: A Theoretical Framework", *Econometrica*, Vol. 57, No. 4, 1989, pp. 937-969.

45. Maurice Obstfeld, " Risk – Taking, Global Diversification, and Growth", *The American Economic Review*, Vol. 84, No. 5, 1994, pp. 1310-1329.

46. Merton Robert C, "An Intertemporal Capital Asset Pricing Model", *Econometrica*, Vol. 41, No. 5, September 1973, pp. 867-887.

47. Mouawiya Al Awad & Barry K. Goodwin, "Dynamic Linkages among Real Interest Rates in International Capital Markets", *Journal of InternationalMoney and Finance*, Vol 17, Issue 6, December 1998, pp. 881-907.

48. Mustafa N. Gultekin , N. Bulent Gultekin and Alessandro Penati, "Capital Controls and International Capital Market Segmentation: The Evidence from the Japanese and American Stock Markets", *Journal of Finance*, Vol. 44, No. 4, Semptember 1999, pp. 849-869.

49. Oh, Yonghyup, " European Sector Returns and Capital Market Integration", *Review of International Economics*, Vol. 11, No. 33, August 2003, pp. 527-540.

50. Prasad Eswar, Rogoff Kenneth, Wei Shang-Jin and Kose M. Ayhan (2004), " Financial Globalization, Growth and Volatility in Developing Countries", *NBER Working Paper*, No. 10942, http:// www. nber. org, pp. 1-69.

51. Robert A. Korajczyk, Claude J. Viallet, "An Empirical Investigation of International Asset Pricing", *The Review of Financial Studies*, Vol. 2, No. 4, 1989, pp. 553−585.

52. Robert J. Hodrick, David Tat−Chee NG, Paul Sengmueller, "An International Dynamic Asset Pricing Model", *International Tax and Public Finances*, Vol. 6, Issue . 4 November 1999, pp. 597−620.

53. Solnik Bruno. H, "The International Pricing for Risk: An Empirical Investigation of the World Capital Market Structure", *The Journal of Finance*, Vol. 29, No. 2, May 1974, pp. 365−378.

54. Solnik Bruno H, "Testing International Asset Pricing: Some Pressimistic Views", *The Journal of Finance*, Vol. 32, No. 2, May1977, pp. 503−512.

55. Solnik Bruno, "The World Price of Foreign Exchange Risk: Some Synthetic Comments", *European Financial Management*, Vol. 3, No. 1, 1997, pp. 9−22.

56. Sharpe William F. "Capital Asset Prices: A Theory of Market Equilibrium under Conditions of Risk", *Journal of Finance*, Vol. 19, No. 3, September 1964, pp. 425−442.

57. Stulz Rene M., "On the Effects of Barriers to International Investment", *Journal of Finance*, Vol 36, No 4, Semptember 1981, pp. 923−934.

58. Van Wincoop E, "Welfare Gains from International Risksharing?", *Journal of Monetary Economics*, Vol. 34, Issue 2, 1994, pp. 175−200.

59. Williamj. Crowder, "Covered Interest Parity and International Capital Market Efficiency", *International Review of Economics and Finance*, Vol. 4, No. 2, 1995, pp. 115−132.

60. Yin−Wong Cheung, Menzie David. Chinn, Eiji Fujii, "China, Hong Kong, and Taiwan: A Quantitative Assessment of Real and Financial

Integration", *China Economic Review*, Vol. 14, No. 3, Octobor 2003, pp. 281-303.

中文文献

1. 陈雨露、罗煜:《金融开放与经济增长:一个述评》,《管理世界》2007年第4期。

2. 崔远淼:《金融一体化与经济稳定增长:机制、条件及理性选择》,《改革》2006年第7期。

3. 樊胜、文博:《我国利率市场化渐进改革进程分析》,《商业时代》2007年第30期。

4. 高占军、刘菲:《衡量证券市场国际化程度的几种主要方法》,《世界经济》2001年第10期。

5. 郭灿:《金融市场开放、一体化及微观效应:理论研究与东亚实证分析》,复旦大学博士学位论文,2005年4月。

6. 何慧刚:《我国利率—汇率联动协调机制研究——基于"汇率超调模型"视角的实证分析》,《财经问题研究》2007年第5期。

7. 胡再勇:《东亚金融一体化程度研究》,《亚太经济》2007年第5期。

8. 黄锦明:《国际金融一体化成因》,《商业时代》2004年第6期。

9. 黄海波、林洋:《东亚新兴债券市场发展研究》,经济科学出版社2008年版。

10. 蒋序怀:《东亚货币金融合作的回顾与展望——一个国际政治经济学视角》,《广东社会科学》2007年第3期。

11. 康灿华、张江平:《中国证券市场国际化研究》,《世界经济研究》2001年第3期。

12. 罗红:《国外财政转移支付制度的发展沿革及经验借鉴》,《商业时代》2009年第28期。

13. 李富有、于静:《欧洲模式借鉴:东亚货币合作的路径选择与政策协调》,《当代经济科学》2004年第3期。

14. 李清泉、李美清:《金融深化应逐步推进——金融自由化理论对中国金融改革的启示》,《经济师》2005 年第 10 期。

15. 李光红:《金融自由化趋势下的金融监管——经验评析与应用创新》,《山东社会科学》2007 年第 2 期。

16. 李兴智:《金融监管覆盖模式与金融创新关系研究》,《金融理论与实践》2009 年第 10 期。

17. 李扬:《经济全球化与金融全球化》,《宏观经济研究》2000 第 3 期。

18. 吕璇、纬恩:《亚洲货币基金:回顾和展望》,《中国外汇管理》2003 年第 10 期。

19. 廖华汶:《Shibor 市场基准利率地位逐步上升》,《金融时报》2011 年 1 月 15 日。

20. 刘建江:《机遇与挑战——中国直面世界金融一体化》,中国经济出版社 2006 年版。

21. 刘兴华:《论我国利率平价机制的制度约束及表现形式》,《金融与经济》2002 年第 10 期。

22. 刘振林:《东亚货币合作与人民币汇率制度选择研究》,中国经济出版社 2006 年版。

23. 卢映西、谢正勤:《转轨经济中的金融自由化:次序与路径选择》,《国际经贸探索》2005 第 9 期。

24. 孟建华:《日本利率市场化的背景、方式及特点》,《上海金融》2004 年第 1 期。

25. 孟建华:《台湾的利率政策与利率的市场化》,《武汉金融》2003 年第 6 期。

26. 孟建华:《香港利率制度和利率市场化研究》,《金融纵横》2003 年第 8 期。

27. 全毅、高军行:《东亚经济一体化的贸易与投资效应》,《国际贸易问题》2009 年第 6 期。

28. 欧明刚:《危机十年:东亚金融合作的新起点》,《世界经济》2007

年第 11 期。

29. 时辰宙：《监管套利：现代金融监管体系的挑战》，《新金融》2009 年第 7 期。

30. 施建淮：《中国资本账户开放：意义、进展及评论》，《国际经济评论》2007 年第 11 期。

31. 苏子杉：《从金融危机看巴塞尔协议的监管有效性》，《新金融》2009 第 9 期。

32. 孙燕：《次贷危机对我国金融监管的启示》，《武汉金融》2009 年第 9 期。

33. 陶凌云：《论欧盟的金融开放及对我国的启示》，《湖北社会科学》2009 年第 10 期。

34. 田素华：《中国证券市场国际比较的实证研究与开放策略》，《经济研究》2001 年第 9 期。

35. 吴丹：《东亚区域内贸易的发展变化》，《东南亚研究》2008 年第 2 期。

36. 王小吟：《亚洲货币基金终现雏形》，《金融经济》2010 年第 3 期。

37. 王佳芥：《金融危机下我国开放和国际化的演变途径》，《商业时代》2009 年第 28 期。

38. 王正斌、唐辉：《东亚国家利率演变机制、政策影响及对我国的启示》，《西安金融》2003 年第 7 期。

39. 万新鲲：《次区域经济合作：生产要素的跨边界流动》，《经济与管理》2008 年第 2 期。

40. 王智强：《东亚区域经济一体化研究：自由贸易区与货币同盟》，《金融与经济》2010 年第 12 期。

41. 武婕：《我国外资银行监管的理论与对策》，《生产力研究》2009 年第 15 期。

42. 徐春祥：《东亚贸易一体化——从区域化到区域主义》，社会科学文献出版社 2008 年版。

43. 徐寒飞、栾慧宇、纪敏：《央行利率调控框架在我国的应用》，《银行家》2006 年第 9 期。

44. 熊原维:《利率平价理论在中国的适用性分析》,《上海金融》2004
年第 12 期。

45. 薛宏立:《金融市场动态开放中的利率—汇率联动:以中国为例的
研究》,中共中央党校出版社 2006 年版。

46. 薛宏立:《浅析利率平价模型在中国的演变》,《财经研究》2002 年
第 2 期.

47. 荀玉根:《利率平价理论在中国的表现及修正》,《河南金融管理干
部学院学报》2007 年第 4 期。

48. 亚洲开发银行:《新兴亚洲的区域主义:共享繁荣的合作伙伴关
系》,www. adb. org。

49. 闫素仙:《论日本的利率市场化及其对中国的启示》,《管理世界》
2009 年第 3 期。

50. 杨荣海:《基于劳动力要素流动的人民币与东盟货币合作研究》,
《云南电大学报》2008 年第 9 期。

51. 杨培雷:《国际金融一体化的含义、结构及其内容探析》,《韶关学
院学报(社会科学版)》2003 年第 4 期。

52. 尹小平、王雷:《亚洲债券基金的推出背景、影响及发展方向》,《东
北亚论坛》2007 年第 7 期。

53. 易纲:《中国改革开放三十年的利率市场化进程》,《金融研究》
2009 年第 1 期。

54. 余诚、秦向东:《从贸易角度看东亚经济一体化的进程》,《国际商
务》2011 年第 5 期。

55. 俞颖:《东亚金融一体化与经济增长:基于资本流动视角的实证研
究》,《求索》2010 年第 12 期。

56. 俞颖:《东亚金融一体化与消费风险分担的实证研究》,《亚太经
济》2011 年第 1 期。

57. 俞颖:《东亚金融一体化——基于实际利率平价理论的分析与探
讨》,《山西财经大学学报》2009 年第 1 期。

58. 俞颖:《东亚对外金融一体化:基于非抵补利率平价理论的实证研究》,《经济经纬》2009 年第 3 期。

59. 中国人民大学课题组:《亚洲金融一体化研究》,中国人民大学出版社 2006 年版。

60. 中国人民银行调查统计司课题组:《我国利率市场化的历史、现状与政策思考》,《中国金融》2011 年第 15 期。

61. 郑海青:《东亚金融合作制度设计和效应研究》,上海世纪出版集团 2009 年版。

62. 郑春梅、肖琼:《利率平价理论与人民币汇率关系的分析》,《经济问题》2006 年第 12 期。

63. 郑栋:《中国金融对外一体化实证研究》,《国际金融研究》2000 年第 6 期。

64. 张纪康、殷伟:《亚洲金融的开放与管制:现实与得失》,《世界经济》2001 年第 4 期。

65. 张凤超:《金融一体化理论的建构》,《东北师大学报(哲学社会科学版)》2005 年第 4 期。

66. 张帅:《韩国利率市场化的经验与启示》,《经济纵横》2003 年第 10 期。

67. 张宗益、古昊:《"双轨制"利率传导机制的实施效应》,《改革》2008 年第 10 期。

68. 钟伟、黄涛、沈闻一:《走循序渐进之路——东亚贸易、投资和金融一体化进程及模式》,《国际贸易》2005 年第 3 期。

69. 祝小兵:《东亚金融合作:可行性、路径与中国的战略研究》,上海财经大学出版社 2006 年版。

后　记

　　本书是在我博士后工作报告的基础上扩充修改而成的。在复旦大学应用经济学流动站学习的时光使我获益匪浅:经济学院生动而又前沿的学术报告开拓了我的视野,专家们渊博的学识给了我很多启迪,图书馆丰富的科技资源为我提供了极具时效性和学术性的研究资料,校园浓郁的学术氛围和深厚的文化底蕴激励我笔耕不辍……经过两年的探索和钻研,本书的初稿得以完成,出站后又经过两年的修改、扩充和润色完成全书。在本书写作的四年时光中得到了来自各方面的帮助,在此特别表示感谢。

　　感谢我的合作导师刘红忠教授。在经济学院访学时我曾选修《国际金融学》,刘老师课堂上精彩的讲解使我对国际金融领域产生了浓厚的兴趣,并致力于做这一方向的博士后研究;进站后从收集中英文文献及数据资料,到研究报告的构思、成稿及修改,刘老师都给予了我悉心的指导和宝贵的建议,使我深深地感受到导师渊博的学识和严谨的治学风格所体现出的大家风范。博士后研究期间也得到了复旦大学经济学院及管理学院很多专家的帮助,感谢姜波克教授、张晖明教授、张陆洋教授、尹翔硕教授、陈学彬教授、张金清教授、胡建绩教授、甘当善教授、伍华佳副教授在开题和出站答辩时的启发和提出的建设性建议。

　　感谢我的工作单位——西北大学经济管理学院的各位领导和专

家对本书写作的支持,感谢任保平教授、赵守国教授、白永秀教授、贾明德教授、王满仓教授、王正斌教授、惠宁教授、陈希敏教授、徐璋勇教授的关心和指导。本书得到了陕西省普通高校重点学科专项资金建设项目经费资助,在此特别表示感谢!

同时,人民出版社的郑海燕编辑为本书的出版做了大量细致的工作,在此深表感谢。本书在写作过程中参考了国内外有关金融一体化的大量著作和论文,在参考文献中也逐一列示,在此也对这些著述的作者表示感谢。

最后要感谢我的家人。本书写作期间正值我女儿出生之际,为了使我能专心于科研工作,我的父母付出了很多辛劳,本书能顺利完成得益于他们的无私奉献;我的先生帮助我校对全书并提出修改建议,感谢他多年以来对我求学及工作的支持;也特别地感谢我可爱的女儿,她的出生和健康快乐成长带给我无限的欢欣和鼓舞——家人的支持和关爱时刻激励着我不懈地努力,向着更高更远的目标前进。

由于本人水平有限,书中的疏漏之处在所难免,恳请各位专家及同行批评指正。

198

俞　颖

2012 年 4 月于西北大学

策划编辑:郑海燕
封面设计:周文辉
责任校对:张　红

图书在版编目(CIP)数据

东亚金融一体化度量及宏观效应分析/俞颖 著.
　-北京:人民出版社,2012.11
(青年学术丛书)
ISBN 978 - 7 - 01 - 011343 - 2

Ⅰ.①东…　Ⅱ.①俞…　Ⅲ.①金融一体化-研究-东亚
Ⅳ.①F833.15

中国版本图书馆 CIP 数据核字(2012)第 246849 号

东亚金融一体化度量及宏观效应分析
DONGYA JINRONG YITIHUA DULIANG JI HONGGUAN XIAOYING FENXI

俞　颖 著

人民出版社 出版发行
(100706　北京市东城区隆福寺街 99 号)

北京中科印刷有限公司印刷　新华书店经销

2012 年 11 月第 1 版　2012 年 11 月北京第 1 次印刷
开本:710 毫米×1000 毫米 1/16
印张:13　字数:200 千字

ISBN 978 - 7 - 01 - 011343 - 2　定价:30.00 元

邮购地址 100706　北京市东城区隆福寺街 99 号
人民东方图书销售中心　电话 (010)65250042　65289539